Einheitsübersetzung
der Heiligen Schrift

Die Psalmen

Taschenausgabe

D1734509

Einheitsübersetzung der Heiligen Schrift

DIE PSALMEN

Taschenausgabe

Herausgegeben im Auftrag
der Bischöfe Deutschlands,
Österreichs,
der Schweiz,
des Bischofs von Luxemburg,
des Bischofs von Lüttich,
des Bischofs von Bozen-Brixen,
des Rates der Evangelischen Kirche
in Deutschland
und der Deutschen Bibelgesellschaft

Katholische Bibelanstalt, Stuttgart
Deutsche Bibelgesellschaft, Stuttgart
Österreichisches Katholisches Bibelwerk,
Klosterneuburg

Die Deutsche Bibliothek – CIP-Einheitsaufnahme

Einheitsübersetzung der Heiligen Schrift/
hrsg. im Auftr. d. Bischöfe Deutschlands . . . – Taschenausg. –
Stuttgart: Kath. Bibelanst.;
Stuttgart: Dt. Bibelges.;
Klosterneuburg: Österr. Kath. Bibelwerk.
 Einheitssacht.: Biblia <dt.>

NE: EST

Die Psalmen. Taschenausg., – 5. Aufl. – 1998.
 ISBN 3-920609-16-6 (Kath. Bibelanst.)
 ISBN 3-438-03010-1 (Dt. Bibelges.)

© 1980 Katholische Bibelanstalt GmbH, Stuttgart

Satz: Schwabenverlag, Ostfildern
Druck: Biblia-Druck, Stuttgart

An die Leser dieser Ausgabe

»Der Mensch lebt nicht nur von Brot, sondern von jedem Wort, das aus Gottes Mund kommt« (Mt 4,4).

Diese Aussage Jesu im Kampf gegen den Versucher, die er dem Alten Testament entnimmt (vgl. Dtn 8,3), weist auf die bleibende Bedeutung des Wortes Gottes für die Menschen aller Völker und Zeiten hin.

Schon vor dem Zweiten Vatikanischen Konzil faßten die deutschen katholischen Bischöfe aufgrund einer Denkschrift des Katholischen Bibelwerks Stuttgart den Beschluß, eine neue Übersetzung der Bibel aus den Urtexten für den kirchlichen Gebrauch schaffen zu lassen, um so einen besseren Zugang zum Wort Gottes zu ermöglichen. Sie beauftragten dazu die Bischöfe J. Freundorfer, C. J. Leiprecht und E. Schick. Die österreichischen Bischöfe entsandten später Weihbischof A. Stöger. Den bischöflichen Beauftragten wurde ein Arbeitsausschuß aus Fachleuten der Exegese, Katechese, Liturgik und der deutschen Sprache zur Seite gestellt.

Bei dieser Übersetzung sollten nicht nur die neuen Erkenntnisse der Bibelwissenschaft, sondern auch die Regeln der deutschen Sprache in angemessener Weise berücksichtigt werden. Bis dahin benutzte die katholische Kirche Übersetzungen, welche entweder die lateinische Übersetzung der Bibel durch den heiligen Hieronymus, die Vulgata, zugrunde legten oder doch in besonderer Weise berücksichtigten.

Die Arbeit an der neuen Übersetzung begann 1962. Kurz darauf gestattete das Zweite Vatikanische Konzil den Gebrauch der Landessprachen in der Liturgie und erklärte: »Der Zugang zur Heiligen Schrift muß für alle, die an Christus glauben, weit offenstehen. Darum ... bemüht sich die Kirche, daß brauchbare und genaue Übersetzungen in die verschiedenen Sprachen erarbeitet werden, mit Vorrang aus dem Urtext der heiligen Bücher« (Über die Göttliche Offenbarung, Nr. 22). Daraufhin schlossen sich die übrigen katholischen Bischöfe deutschsprachiger Gebiete in Europa dem Unternehmen an, das den Namen »Einheitsübersetzung« erhielt, weil es den Gebrauch einheitlicher biblischer Texte in Gottesdienst und Schule in allen Diözesen ermöglichen sollte. Die einheitliche Textfassung ließ hoffen, daß sich wichtige Aussagen der Bibel dem Ohr der Gläubigen dauerhafter einprägten. Auch würde eine solche für den Gebrauch der Bibel in der Öffentlichkeit, besonders in Presse, Funk und Fernsehen, von Nutzen sein.

Da die Übersetzung vor allem in der Verkündigung Verwendung finden sollte, mußte sie sowohl das Verstehen erleichtern, wie auch für das Vorlesen und teilweise auch für das Singen geeignet sein. Darum wurden von Anfang an neben Fachleuten der Bibelwissenschaft auch solche der Liturgik, Katechetik, der Kirchenmusik und der deutschen Sprache herangezogen. Besondere Sorgfalt wurde auf die sprachliche Fassung der hymnischen Texte des Alten und des Neuen Testamentes, insbesondere der Psalmen, verwendet.

Von Anfang an strebten die katholischen Bischöfe die Mitarbeit der evangelischen Kirche in Deutschland an. Die evangelische Michaelsbruderschaft arbeitete von Anfang an durch Beauftragte an der Übersetzung mit. Ab 1967 beteiligte sich die Evangelische Kirche in Deutschland an der Übersetzung der beiden Kirchen gemeinsamen biblischen Lesungen der Sonn- und Festtage und der Psalmen, nachdem Kardinal A. Bea, der erste Leiter des Sekretariats für die Einheit der Christen in Rom, und Bischof K. Scharf, der damalige Vorsitzende des Rates der Evangelischen Kirche in Deutschland, sich bei einem Zusammentreffen für eine solche Zusammenarbeit ausgesprochen hatten. Über diese gemeinsame Arbeit wurde 1970 der erste Vertrag zwischen dem Verband der Diözesen Deutschlands und dem Rat der Evangelischen Kirche in Deutschland und dem Evangelischen Bibelwerk in der Bundesrepublik Deutschland geschlossen.

Ein wichtiges Ergebnis der Zusammenarbeit stellt die Einigung der Beauftragten beider Kirchen auf eine einheitliche deutsche Wiedergabe der biblischen Eigennamen sowie der Bezeichnungen für Orte, Landschaften, Maße und Gewichte dar. Das »Ökumenische Verzeichnis der biblischen Eigennamen« wurde 1972 veröffentlicht.

Ab 1970 erschienen die Übersetzungen einzelner biblischer Bücher im Druck; 1972 wurde die vorläufige Endfassung des Neuen Testamentes, 1974 jene des Alten Testamentes für die Erprobung, vor allem in Liturgie und Schule, veröffentlicht. Die Übersetzung fand Eingang in die neuen liturgischen Bücher, die Lektionare für die biblischen Lesungen im Gottesdienst sowie in das vorläufige deutsche Stundenbuch. Alle Urteilsfähigen wurden von den beteiligten Bischöfen um Kritik und Verbesserungsvorschläge gebeten. Diese ließen zugleich Gutachten erstellen über die Treue gegenüber dem Urtext und über die sprachliche Ausdrucksform der Übersetzung. Die Gesellschaft für Deutsche Sprache, Wiesbaden, wurde für die Überprüfung dieser Übersetzung herangezogen.

Die vorläufige Fassung der Psalmen, die 1971 zuerst im Druck erschien, wurde 1973/74 durch eine ökumenische Arbeitsgruppe überarbeitet, wobei der endgültige Text festgelegt wurde. Ab 1975 begann die Revision der vorläufigen Fassungen des Alten und Neuen Testamentes durch eigens dafür bestellte Revisionskommissionen unter dem Vorsitz von Bischof

E. Schick (Neues Testament) und Weihbischof J. Plöger (Altes Testament). Die überaus zahlreichen Stellungnahmen und Verbesserungsvorschläge leisteten für die Erstellung der endgültigen Fassung der Übersetzung wertvolle Dienste.

Im Rahmen dieser Revisionsarbeit weitete die evangelische Seite ihre Mitarbeit auf das ganze Neue Testament aus, einschließlich der Einführungen und knapp gehaltenen Anmerkungen zu den einzelnen biblischen Schriften.

Im Februar 1978 approbierte die Deutsche Bischofskonferenz die Endfassung der Einheitsübersetzung für den kirchlichen Gebrauch in Gottesdienst und Schule. Sie dankte dabei den Übersetzern und allen übrigen Mitarbeitern und Beratern. Ihr folgten die übrigen bischöflichen Auftraggeber aus den deutschsprachigen Gebieten in Europa. Auch der Rat der Evangelischen Kirche in Deutschland und das Evangelische Bibelwerk begrüßten das Ergebnis der gemeinsamen Arbeit. Im März und April 1979 wurden die Einführungen und Anmerkungen von allen Auftraggebern gutgeheißen. Damit fand ein für den deutschen Sprachraum einmaliges Unternehmen seinen Abschluß.

Aufgrund der guten Aufnahme, die der vorläufige Endtext in der Öffentlichkeit fand, ist zu hoffen, daß diese Übersetzung erfüllt, was die Mitglieder der

Deutschen Bischofskonferenz bei der Approbation des Textes im Frühjahr 1978 zum Ausdruck brachten: »Die Deutsche Bischofskonferenz ist überzeugt, daß die nun vorliegende Übersetzung der Heiligen Schrift den Entscheidungen des Zweiten Vatikanums gerecht wird, den katholischen und nichtkatholischen Christen, wie auch der Kirche Fernstehenden einen sprachlich verständlichen und wissenschaftlich gesicherten Zugang zur Botschaft der Heiligen Schrift zu bieten. Die Einheitsübersetzung ist in gehobenem Gegenwartsdeutsch abgefaßt. Ihr fehlt es nicht an dichterischer Schönheit, Treffsicherheit des Ausdrucks und Würde biblischer Darstellungskraft. Wir Bischöfe hoffen zuversichtlich, daß die Neuübersetzung auch der zeitgemäßen Gebetssprache einen neuen Anstoß gibt und daß sie hilfreich sein wird in dem Bemühen, dem Wort Gottes im deutschen Sprachraum neue Beachtung und tieferes Verständnis zu verschaffen!«

Daneben verdient im Blick auf die Psalmen und das Neue Testament Beachtung, was der damalige Vorsitzende des Rates der Evangelischen Kirche in Deutschland, Landesbischof Helmut Claß, an den Vorsitzenden der Deutschen Bischofskonferenz, Josef Kardinal Höffner, schrieb: »Die Tatsache, daß katholische und evangelische Christen nunmehr die Psalmen und ein Neues Testament besitzen, die Exegeten beider Kirchen im offiziellen Auftrag übersetzt haben, kann nicht hoch genug veranschlagt werden. Mehr als einzelne gemeinsame Aktionen führt gemeinsames Hören auf das Wort der Schrift dazu, daß die getrennten Kirchen aufeinander zugehen, um einmal zusammenzufinden unter dem einen Herrn der Kirche, Jesus Christus. Die ökumenische Übersetzung der Psalmen und des Neuen Testamentes leistet dazu einen wichtigen Beitrag.«

Advent 1979

Josef Kardinal Höffner
Vorsitzender der
Deutschen
Bischofskonferenz

Landesbischof Eduard Lohse
Vorsitzender des Rates
der Evangelischen Kirche
in Deutschland

Alfred Kardinal Bengsch
Vorsitzender der
Berliner Bischofskonferenz

Jean Hengen
Bischof von Luxemburg

Franz Kardinal König
Vorsitzender der
Österreichischen
Bischofskonferenz

Joseph Gargitter
Bischof von Bozen-Brixen

Pierre Mamie
Vorsitzender der
Schweizerischen
Bischofskonferenz

Guillaume-Marie van Zuylen
Bischof von Lüttich

Die Psalmen

Ähnlich wie die Bücher des Mose ist diese Sammlung von 150 Einzelliedern, die eines der bedeutendsten Bücher der Heiligen Schrift und auch der gesamten Weltliteratur darstellen, in fünf Bücher eingeteilt: Ps 1–41; 42–72; 73–89; 90–106; 107–150. Die griechische und die lateinische Bibel haben eine leicht abweichende Zählweise der Psalmen (vgl. Anhang dieser Ausgabe). Die heutige Reihenfolge und Anordnung der Psalmen in der hebräischen Bibel, die eine gewisse Korrespondenz zu den Büchern des Mose aufweist, ist höchstwahrscheinlich von ihrem Gebrauch im Synagogengottesdienst her zu verstehen. Thematisch berühren die Psalmen fast alle Fragen und Probleme der alttestamentlichen Theologie. Die neuere Forschung befaßt sich besonders mit den verschiedenen Psalmengattungen und ihrem »Sitz im Leben« sowie mit der Überlieferung der einzelnen Psalmen bis zu ihrer jetzigen Gestalt. Man unterscheidet heute vor allem folgende Gattungen: Hymnen, Danklieder, Klagelieder eines einzelnen und des Volkes, Bittpsalmen, Wallfahrtslieder, Königslieder, Weisheitslieder, »messianische Psalmen«.

Daß der Psalter eine Sonderstellung unter den Schriften des Alten Testaments einnimmt, wird kaum bezweifelt. Denn die Psalmen lassen einen einzigartigen Einblick in die innere Struktur der Offen barung tun. Der Psalter gibt nämlich davon Kunde, daß die Offenbarung sich nicht nur als monologes Sprechen und Handeln Gottes ereignet, sondern daß Gott sich im auserwählten Volk einen Partner bereitet hat, der mit in das Offenbarungsgeschehen einbezogen wird. Die Offenbarung ist demnach ein dialogischer Vorgang: Gott handelt und spricht nicht nur auf das Volk hin, sondern Israel spricht und handelt mit (vgl. Ex 19,8, wo das Volk sich einmütig bereit erklärt, Gottes Auserwählung anzunehmen). Von der Aufnahme des Dialogs durch das auserwählte Volk künden wie kein anderes biblisches Buch die Psalmen: Sie sind die in der Offenbarung und aus ihr erfolgte Antwort auf Gottes offenbartes Wort. Das sollen einige Entsprechungen der Psalmen zu wichtigen alttestamentlichen Texten zeigen:

Schöpfungstat und -werk Gottes: Gen 1 – Ps 104.

Der Mensch: Gen 1,26–28 – Ps 8.

Gottes Heiligkeit: Jes 6 – Ps 99.

Das Meerwunder: Ex 13–15 – Ps 66.

Lobpreis des Bundesgottes: Ex 19–24 – Ps 97.

Von Ägypten ins Gelobte Land: Ps 114.

Von der Patriarchenzeit bis zur Landverleihung: Ps 105.

Gottes Heilswerk an Zion: 2 Sam 6 – Ps 48.

Der Neue Bund: Jer 31,31–34;

Ez 36,24–28 – Ps 51,12–14.

Der Messias als König: Jes 9,1–6; 11,1–5;

Mi 5,1–3 – Ps 2; 72; 110.

Der Messias als Leidensmann: Jes 53 – Ps 22.

Natürlich decken sich die Inhalte der angeführten einander entsprechenden Texte nicht vollauf; aber Hauptmotive werden vom lobpreisenden Gottesvolk aufgegriffen, neu interpretiert, um andere Offenbarungsgehalte vermehrt und weiter entfaltet.

Noch etwas anderes geht aus den Psalmen hervor, nämlich daß Israels wichtigste und vornehmste Aufgabe, ja der Grund seiner Sonderexistenz im Gotteslob, im Gott gemäßen Kult besteht. Vom Kult her dürfte auch Licht auf die heutige Anordnung der Psalmen fallen. In Neh 8,1–6 ist ein Muster für den Synagogengottesdienst enthalten, der im Exil oder in der nachexilischen Zeit neben dem Tempelgottesdienst aufkommt. Weil der Opferdienst auf den Tempel beschränkt bleibt, handelt es sich im Synagogengottesdienst um den Typus eines reinen Lesegottesdienstes, der in etwa unserem Wortgottesdienst vergleichbar ist. Er enthält als wesentliche Bestandteile:

1. Nach Einleitungsgebeten folgt die Lesung des fälligen Abschnitts aus dem Pentateuch. Die fünf Bücher des Mose sind in einer einjährigen oder dreijährigen Leseordnung auf die Sabbate des Jahres verteilt (für die Feste sind besondere Texte ausgesucht).
2. Dann antwortet das Volk mit dem zugeordneten, vielleicht gesungenen Psalm.
3. An den Psalm schließt eine zweite Lesung aus den Propheten und eine Homilie an.
4. Segensgebete beschließen den Gottesdienst.

Mit ziemlicher Sicherheit läßt sich also sagen, daß zur Zeit der Wiederherstellung der nachexilischen Gemeinde unter Esra und Nehemia der Psalter seine heutige Gestalt erhalten hat. Für die einzelnen Psalmen wird man insgesamt eine Entstehungszeit von mehreren Jahrhunderten, von David bis Esra, anzunehmen haben. Weiter deutet ihre Verwendung im Synagogengottesdienst auch eine vom Kult her bestimmte Anordnung und Reihung verschiedener Texteinheiten im Pentateuch an und legt sie nahe. So hat man also für das Verständnis der einzelnen Psalmen und des gesamten Psalters viel mehr als bisher deren Verwendung im Gottesdienst zu berücksichtigen.

Der Psalter hat seinen hohen Rang als Gebetbuch des alten Bundesvolkes auch für Christus und die junge Kirche behalten. Die Kirche hat mit den Psalmen auf die in Christus erfüllte Offenbarung geantwortet. Bis heute verwendet sie daher in der Nachfolge des Herrn den Psalter vor allen anderen Gebetstexten für den Gottesdienst in seiner vielfältigen Gestalt.

DAS ERSTE BUCH

Die beiden Wege

1 Wohl dem Mann, der nicht dem Rat der Frevler
folgt, /
nicht auf dem Weg der Sünder geht,
    nicht im Kreis der Spötter sitzt,
2 sondern Freude hat an der Weisung des Herrn,
    über seine Weisung nachsinnt
    bei Tag und bei Nacht.
3 Er ist wie ein Baum,
    der an Wasserbächen gepflanzt ist,
der zur rechten Zeit seine Frucht bringt
    und dessen Blätter nicht welken.
Alles, was er tut,
    wird ihm gut gelingen.

4 Nicht so die Frevler:
    Sie sind wie Spreu, die der Wind verweht.
5 Darum werden die Frevler
im Gericht nicht bestehen
    noch die Sünder in der Gemeinde der Gerechten.
6 Denn der Herr kennt den Weg der Gerechten,
    der Weg der Frevler aber führt in den Abgrund.

Der Herr und sein Gesalbter

2 Warum toben die Völker,
   warum machen die Nationen vergebliche Pläne?
² Die Könige der Erde stehen auf,
    die Großen haben sich verbündet
    gegen den Herrn und seinen Gesalbten.
³ »Laßt uns ihre Fesseln zerreißen
    und von uns werfen ihre Stricke!«
⁴ Doch er, der im Himmel thront, lacht,
    der Herr verspottet sie.

⁵ Dann aber spricht er zu ihnen im Zorn,
    in seinem Grimm wird er sie erschrecken:
⁶ »Ich selber habe meinen König eingesetzt
    auf Zion, meinem heiligen Berg.«
⁷ Den Beschluß des Herrn will ich kundtun. /
Er sprach zu mir: »Mein Sohn bist du.
    Heute habe ich dich gezeugt.
⁸ Fordere von mir, und ich gebe dir die Völker
zum Erbe,
    die Enden der Erde zum Eigentum.
⁹ Du wirst sie zerschlagen mit eiserner Keule,
    wie Krüge aus Ton wirst du sie zertrümmern.«

¹⁰ Nun denn, ihr Könige, kommt zur Einsicht,
    laßt euch warnen, ihr Gebieter der Erde!
¹¹ Dient dem Herrn in Furcht,
    und küßt ihm mit Beben die Füße,

2,8 dir: ergänzt nach G und S.
2,11b Text korr.; H ist kaum verständlich: und jauchzt mit Beben,
küßt den Sohn (in H zum Teil bereits V. 12).

¹² damit er nicht zürnt
    und euer Weg nicht in den Abgrund führt.
  Denn wenig nur, und sein Zorn ist entbrannt.
    Wohl allen, die ihm vertrauen!

Hilferuf in Feindesnot

3 [Ein Psalm Davids, als er vor seinem Sohn
Abschalom floh.]
² Herr, wie zahlreich sind meine Bedränger;
    so viele stehen gegen mich auf.
³ Viele gibt es, die von mir sagen:
    »Er findet keine Hilfe bei Gott.« [Sela]
⁴ Du aber, Herr, bist ein Schild für mich,
    du bist meine Ehre und richtest mich auf.

⁵ Ich habe laut zum Herrn gerufen;
    da erhörte er mich von seinem heiligen Berg.
    [Sela]
⁶ Ich lege mich nieder und schlafe ein,
    ich wache wieder auf, denn der Herr beschützt
    mich.
⁷ Viele Tausende von Kriegern fürchte ich nicht,
    wenn sie mich ringsum belagern.

3,1 Die sog. Psalmenüberschriften, die in dieser Übersetzung in ek-
kigen Klammern stehen, sind späte Zusätze. Sie enthalten musikali-
sche Hinweise, deren Bedeutung wir nicht kennen, und Vermutungen
über Verfasser und Entstehungsverhältnisse, die der jüdischen Tradi-
tion entnommen sind.
3,3b Das hier und oft in den Psalmen stehende Wort »Sela« ist eben-
falls ein musikalischer Hinweis unbekannter Bedeutung.

⁸ Herr, erhebe dich,
  mein Gott, bring mir Hilfe!
Denn all meinen Feinden hast du den Kiefer
zerschmettert,
  hast den Frevlern die Zähne zerbrochen.
⁹ Beim Herrn findet man Hilfe.
  Auf dein Volk komme dein Segen! [Sela]

Gottes Schutz in der Nacht

4 [Für den Chormeister. Mit Saitenspiel.
  Ein Psalm Davids.]
² Wenn ich rufe, erhöre mich,
  Gott, du mein Retter!
Du hast mir Raum geschaffen, als mir angst war.
  Sei mir gnädig, und hör auf mein Flehen!

³ Ihr Mächtigen, wie lange noch schmäht ihr meine
Ehre,
  warum liebt ihr den Schein und sinnt auf Lügen?
  [Sela]
⁴ Erkennt doch: Wunderbar handelt der Herr an den
Frommen;
  der Herr erhört mich, wenn ich zu ihm rufe.
⁵ Ereifert ihr euch, so sündigt nicht!
  Bedenkt es auf eurem Lager, und werdet
  stille! [Sela]

4,2b Wörtlich: Gott meiner Gerechtigkeit.
4,4a wunderbar handelt der Herr . . .: Text korr.
4,4b mich, ergänzt nach G.

⁶ Bringt rechte Opfer dar,
     und vertraut auf den Herrn!

⁷ Viele sagen: »Wer läßt uns Gutes erleben?«
     Herr, laß dein Angesicht über uns leuchten!
⁸ Du legst mir größere Freude ins Herz,
     als andere haben bei Korn und Wein in Fülle.
⁹ In Frieden leg' ich mich nieder und schlafe ein;
     denn du allein, Herr, läßt mich sorglos ruhen.

          Ein Gebet zum Morgenopfer

5 [Für den Chormeister. Zum Flötenspiel.
   Ein Psalm Davids.]
² Höre meine Worte, Herr,
     achte auf mein Seufzen!
³ Vernimm mein lautes Schreien,
   mein König und mein Gott,
       denn ich flehe zu dir.
⁴ Herr, am Morgen hörst du mein Rufen,
     am Morgen rüst' ich das Opfer zu,
     halte Ausschau nach dir.

⁵ Denn du bist kein Gott, dem das Unrecht gefällt;
     der Frevler darf nicht bei dir weilen.
⁶ Wer sich brüstet, besteht nicht vor deinen Augen;
     denn dein Haß trifft alle, die Böses tun.
⁷ Du läßt die Lügner zugrunde gehn,
     Mörder und Betrüger sind dem Herrn ein Greuel.
⁸ Ich aber darf dein Haus betreten
     dank deiner großen Güte,

ich werfe mich nieder in Ehrfurcht
vor deinem heiligen Tempel.
⁹ Leite mich, Herr, in deiner Gerechtigkeit, /
meinen Feinden zum Trotz;
ebne deinen Weg vor mir!

¹⁰ Aus ihrem Mund kommt kein wahres Wort,
ihr Inneres ist voll Verderben.
Ihre Kehle ist ein offenes Grab,
aalglatt ist ihre Zunge.
¹¹ Gott, laß sie dafür büßen;
sie sollen fallen durch ihre eigenen Ränke.
Verstoße sie wegen ihrer vielen Verbrechen;
denn sie empören sich gegen dich.

¹² Doch alle sollen sich freuen, die auf dich vertrauen,
und sollen immerfort jubeln.
Beschütze alle, die deinen Namen lieben,
damit sie dich rühmen.
¹³ Denn du, Herr, segnest den Gerechten.
Wie mit einem Schild
deckst du ihn mit deiner Gnade.

Ein Bußgebet in Todesnot

6 [Für den Chormeister. Mit Saitenspiel nach der
Achten. Ein Psalm Davids.]
² Herr, strafe mich nicht in deinem Zorn,
und züchtige mich nicht in deinem Grimm!

5,10a Text korr. nach G, S und der aramäischen Übersetzung; H:
Aus seinem Mund.

³ Sei mir gnädig, Herr, ich sieche dahin;
   heile mich, Herr, denn meine Glieder zerfallen!
⁴ Meine Seele ist tief verstört.
   Du aber, Herr, wie lange säumst du noch?

⁵ Herr, wende dich mir zu und errette mich,
   in deiner Huld bring mir Hilfe!
⁶ Denn bei den Toten denkt niemand mehr an dich.
   Wer wird dich in der Unterwelt noch preisen?
⁷ Ich bin erschöpft vom Seufzen, /
   jede Nacht benetzen Ströme von Tränen mein Bett,
   ich überschwemme mein Lager mit Tränen.
⁸ Mein Auge ist getrübt vor Kummer,
   ich bin gealtert wegen all meiner Gegner.

⁹ Weicht zurück von mir, all ihr Frevler;
   denn der Herr hat mein lautes Weinen gehört.
¹⁰ Gehört hat der Herr mein Flehen,
   der Herr nimmt mein Beten an.
¹¹ In Schmach und Verstörung geraten all
   meine Feinde,
   sie müssen weichen und gehen plötzlich
   zugrunde.

Gebet in Verfolgung

7 [Ein Klagelied Davids, das er dem Herrn sang
   wegen des Benjaminiters Kusch.]
² Herr, mein Gott, ich flüchte mich zu dir;
   hilf mir vor allen Verfolgern und rette mich,

6,3b Text korr.; H: denn meine Glieder sind erschrocken.
6,8b Wörtlich: und es (das Auge) ist matt (alt) geworden.

³ damit mir niemand wie ein Löwe das Leben raubt,
  mich zerreißt, und keiner ist da, der mich rettet.
⁴ Wenn ich das getan habe, Herr, mein Gott,
  wenn an meinen Händen Unrecht klebt,
⁵ wenn ich meinem Freunde Böses tat,
  wenn ich den quälte,
  der mich grundlos bedrängt hat,
⁶ dann soll mich der Feind verfolgen und ergreifen; /
er richte mein Leben zugrunde
  und trete meine Ehre mit Füßen. [Sela]

⁷ Herr, steh auf in deinem Zorn,
  erheb dich gegen meine wütenden Feinde!
Wach auf, du mein Gott! /
Du hast zum Gericht gerufen.
  Der Herr richtet die Völker.
⁸ Um dich stehe die Schar der Völker im Kreis;
  über ihnen throne du in der Höhe!
⁹ Herr, weil ich gerecht bin, verschaff mir Recht,
  (und tu an mir Gutes,) weil ich schuldlos bin!
¹⁰ Die Bosheit der Frevler finde ein Ende, /
doch gib dem Gerechten Bestand,
  gerechter Gott, der du auf Herz und Nieren
  prüfst.

¹¹ Ein Schild über mir ist Gott,
  er rettet die Menschen mit redlichem Herzen.

7,6bc Wörtlich: er trete mein Leben zu Boden und trete meine Ehre
in den Staub.
7,7c Text korr.
7,7d Der Herr richtet die Völker: in H Anfang von V. 9.
7,8b Text korr.

¹² Gott ist ein gerechter Richter,
  ein Gott, der täglich strafen kann.

¹³ Wenn der Frevler sein Schwert wieder schärft,
  seinen Bogen spannt und zielt,
¹⁴ dann rüstet er tödliche Waffen gegen sich selbst,
  bereitet sich glühende Pfeile.
¹⁵ Er hat Böses im Sinn;
  er geht schwanger mit Unheil,
  und Tücke gebiert er.
¹⁶ Er gräbt ein Loch, er schaufelt es aus,
  doch er stürzt in die Grube,
  die er selber gemacht hat.
¹⁷ Seine Untat kommt auf sein eigenes Haupt,
  seine Gewalttat fällt auf seinen Scheitel zurück.

¹⁸ Ich will dem Herrn danken, denn er ist gerecht;
  dem Namen des Herrn, des Höchsten,
  will ich singen und spielen.

Die Herrlichkeit des Schöpfers –
die Würde des Menschen

8 [Für den Chormeister. Nach dem Kelterlied. Ein
   Psalm Davids.]
² Herr, unser Herrscher, /
  wie gewaltig ist dein Name auf der ganzen Erde;
  über den Himmel breitest du deine Hoheit aus.

7,13a Text korr.
8,2c Text korr.; H ist unklar.

³ Aus dem Mund der Kinder und Säuglinge schaffst
du dir Lob, /
deinen Gegnern zum Trotz;
   deine Feinde und Widersacher müssen verstummen.
⁴ Seh' ich den Himmel, das Werk deiner Finger,
   Mond und Sterne, die du befestigt:

⁵ Was ist der Mensch, daß du an ihn denkst,
   des Menschen Kind, daß du dich seiner
   annimmst?

⁶ Du hast ihn nur wenig geringer gemacht als Gott,
   hast ihn mit Herrlichkeit und Ehre gekrönt.
⁷ Du hast ihn als Herrscher eingesetzt
über das Werk deiner Hände,
   hast ihm alles zu Füßen gelegt:
⁸ All die Schafe, Ziegen und Rinder
   und auch die wilden Tiere,
⁹ die Vögel des Himmels und die Fische im Meer,
   alles, was auf den Pfaden der Meere dahinzieht.

¹⁰ Herr, unser Herrscher,
   wie gewaltig ist dein Name auf der ganzen Erde!

Gott, der Retter der Armen und Bedrängten

9 [Für den Chormeister. Nach der Weise »Stirb für
den Sohn!« Ein Psalm Davids.]

8,3 Lob: nach G; H: Bollwerk. – Andere Übersetzungsmöglichkeit:
Besungen wird dein Glanz am Himmel von der Kinder und Säuglinge
Mund. Du hast ein Bollwerk errichtet, deinen Feinden zum Trotz.
   8,6a G, S und Vg übersetzen: als die Engel.

² Ich will dir danken, Herr, aus ganzem Herzen,
      verkünden will ich all deine Wunder.
³ Ich will jauchzen und an dir mich freuen,
      für dich, du Höchster, will ich singen und spielen.
⁴ Denn zurückgewichen sind meine Feinde,
      gestürzt und vergangen vor deinem Angesicht.
⁵ Du hast mir Recht verschafft
   und für mich entschieden,
         dich auf den Thron gesetzt
         als ein gerechter Richter.
⁶ Du hast die Völker bedroht, die Frevler vernichtet,
      ihren Namen gelöscht für immer und ewig.
⁷ Die Feinde sind dahin, zerschlagen für immer.
         Du hast Städte entvölkert,
         ihr Ruhm ist versunken.

⁸ Der Herr aber thront für ewig;
      er stellt seinen Thron auf zum Gericht.
⁹ Er richtet den Erdkreis gerecht,
      er spricht den Völkern das Urteil,
      das sie verdienen.
¹⁰ So wird der Herr für den Bedrückten zur Burg,
      zur Burg in Zeiten der Not.
¹¹ Darum vertraut dir, wer deinen Namen kennt;
      denn du, Herr, verläßt keinen, der dich sucht.
¹² Singt dem Herrn, der thront auf dem Zion,
      verkündet unter den Völkern seine Taten!
¹³ Denn er, der jede Blutschuld rächt,
   denkt an die Armen,
         und ihren Notschrei vergißt er nicht.

¹⁴ Sei mir gnädig in meiner Not;
     Herr, sieh doch, wie sie mich hassen!
   Führ mich herauf von den Pforten des Todes, /
¹⁵ damit ich all deinen Ruhm verkünde
   in den Toren von Zion
     und frohlocke, weil du mir hilfst.
¹⁶ Völker versanken in der Grube,
   die sie selber gegraben;
     im Netz, das sie heimlich gelegt,
     hat ihr Fuß sich verfangen.
¹⁷ Kundgetan hat sich der Herr: Er hielt sein Gericht;
     im eigenen Werk hat sich der Frevler verstrickt.
     [Zwischenspiel. Sela]

¹⁸ Hinabfahren müssen die Frevler zum Totenreich,
     alle Heiden, die Gott vergessen.
¹⁹ Doch der Arme ist nicht auf ewig vergessen,
     des Elenden Hoffnung
     ist nicht für immer verloren.
²⁰ Erheb dich, Herr,
   damit nicht der Mensch triumphiert,
     damit die Völker gerichtet werden
     vor deinem Angesicht.
²¹ Wirf Schrecken auf sie, o Herr!
     Erkennen sollen die Völker:
     Sie sind nur Menschen. [Sela]

9,15a Wörtlich: in den Toren der Tochter Zion.
9,17b Wörtlich: im Werk seiner Hände, er fängt den Frevler.

Ein Hilferuf gegen gewalttätige Menschen

10 Herr, warum bleibst du so fern,
verbirgst dich in Zeiten der Not?

2 In seinem Hochmut quält der Frevler die Armen.
   Er soll sich fangen in den Ränken,
   die er selbst ersonnen hat.
3 Denn der Frevler rühmt sich nach Herzenslust,
   er raubt, er lästert und verachtet den Herrn.
4 Überheblich sagt der Frevler: /
   »Gott straft nicht. Es gibt keinen Gott.«
   So ist sein ganzes Denken.
5 Zu jeder Zeit glückt ihm sein Tun. /
   Hoch droben und fern von sich
   wähnt er deine Gerichte.
   All seine Gegner faucht er an.
6 Er sagt in seinem Herzen:
   »Ich werde niemals wanken.
   Von Geschlecht zu Geschlecht
   trifft mich kein Unglück.«
7 Sein Mund ist voll Fluch und Trug und Gewalttat;
   auf seiner Zunge sind Verderben und Unheil.
8 Er liegt auf der Lauer in den Gehöften /
   und will den Schuldlosen heimlich ermorden;
   seine Augen spähen aus nach dem Armen.
9 Er lauert im Versteck wie ein Löwe im Dickicht, /
   er lauert darauf, den Armen zu fangen;
   er fängt den Armen und zieht ihn in sein Netz.

10,6b Nach G; H ist unklar.
10,8 Nach G.

¹⁰ Er duckt sich und kauert sich nieder,
    seine Übermacht bringt die Schwachen zu Fall.
¹¹ Er sagt in seinem Herzen: »Gott vergißt es,
    er verbirgt sein Gesicht, er sieht es niemals.«

¹² Herr, steh auf, Gott, erheb deine Hand,
    vergiß die Gebeugten nicht!
¹³ Warum darf der Frevler Gott verachten,
    und in seinem Herzen sagen: »Du strafst nicht«?
¹⁴ Du siehst es ja selbst;
    denn du schaust auf Unheil und Kummer.
  Der Schwache vertraut sich dir an;
    du bist den Verwaisten ein Helfer.
¹⁵ Zerbrich den Arm des Frevlers und des Bösen,
    bestraf seine Frevel,
    so daß man von ihm nichts mehr findet.

¹⁶ Der Herr ist König für immer und ewig,
    in seinem Land gehen die Heiden zugrunde.
¹⁷ Herr, du hast die Sehnsucht der Armen gestillt,
    du stärkst ihr Herz, du hörst auf sie:
¹⁸ Du verschaffst den Verwaisten und Bedrückten
  ihr Recht.
      Kein Mensch mehr verbreite Schrecken
      im Land.

10,10b H ist unklar; andere Übersetzungsmöglichkeit für V. 10:
Zerschmettert stürzen die Schwachen nieder und fallen in seine Gewalt.

10,14b H hat zusätzlich: um es in deine Hand zu geben. – Sinn unklar.

Gottes Blick auf den Menschen

11 [Für den Chormeister. Von David.]
Beim Herrn finde ich Zuflucht.
  Wie könnt ihr mir sagen:
    »In die Berge flieh wie ein Vogel«?
2 Schon spannen die Frevler den Bogen,
    sie legen den Pfeil auf die Sehne,
  um aus dem Dunkel zu treffen
    die Menschen mit redlichem Herzen.
3 Gerät alles ins Wanken,
    was kann da der Gerechte noch tun?

4 Der Herr weilt in seinem heiligen Tempel,
    der Thron des Herrn ist im Himmel.
  Seine Augen schauen herab,
    seine Blicke prüfen die Menschen.
5 Der Herr prüft Gerechte und Frevler;
    wer Gewalttat liebt, den haßt er aus tiefster
    Seele.
6 Auf die Frevler lasse er Feuer und Schwefel regnen;
    sengender Wind sei ihr Anteil.

7 Denn der Herr ist gerecht, er liebt gerechte Taten;
    wer rechtschaffen ist, darf sein Angesicht
    schauen.

11,1d Nach G und Hieronymus.
11,3a Wörtlich: Wenn die Grundfesten eingerissen werden.
11,6a H fügt nach »Schwefel« hinzu: »Schlinge (Verhängnis)«, vielleicht eine weitere göttliche Waffe.
11,6b Text korr.; H: sei der Anteil ihres Bechers.

Die Falschheit der Menschen – die Treue Gottes

12 [Für den Chormeister. Nach der Achten.
Ein Psalm Davids.]

² Hilf doch, o Herr, die Frommen schwinden dahin,
unter den Menschen gibt es keine Treue mehr.
³ Sie lügen einander an, einer den andern,
mit falscher Zunge und zwiespältigem Herzen
reden sie.

⁴ Der Herr vertilge alle falschen Zungen,
jede Zunge, die vermessen redet.
⁵ Sie sagen: »Durch unsre Zunge sind wir mächtig;
unsre Lippen sind unsre Stärke.
Wer ist uns überlegen?«
⁶ Die Schwachen werden unterdrückt,
die Armen seufzen. /
Darum spricht der Herr: »Jetzt stehe ich auf,
dem Verachteten bringe ich Heil.«

⁷ Die Worte des Herrn sind lautere Worte, /
Silber, geschmolzen im Ofen,
von Schlacken geschieden, geläutert siebenfach.
⁸ Du, Herr, wirst uns behüten
und uns vor diesen Leuten für immer erretten,
⁹ auch wenn die Frevler frei umhergehen
und unter den Menschen die Gemeinheit groß
wird.

12,6c dem Verachteten, wörtlich: dem, gegen den man schnaubt.
12,7bc Nach Hieronymus.

Klage und Vertrauen in großer Not

13 [Für den Chormeister. Ein Psalm Davids.]
² Wie lange noch, Herr, vergißt du mich ganz?
Wie lange noch verbirgst du dein Gesicht vor mir?
³ Wie lange noch muß ich Schmerzen ertragen
in meiner Seele, /
in meinem Herzen Kummer Tag für Tag?
Wie lange noch darf mein Feind über mich
triumphieren?
⁴ Blick doch her, erhöre mich, Herr, mein Gott,
erleuchte meine Augen,
damit ich nicht entschlafe und sterbe,
⁵ damit mein Feind nicht sagen kann:
»Ich habe ihn überwältigt«,
damit meine Gegner nicht jubeln,
weil ich ihnen erlegen bin.

⁶ Ich aber baue auf deine Huld,
mein Herz soll über deine Hilfe frohlocken.
Singen will ich dem Herrn,
weil er mir Gutes getan hat.

Die Torheit der Gottesleugner

14 [Für den Chormeister. Von David.]
Die Toren sagen in ihrem Herzen:
»Es gibt keinen Gott.«
Sie handeln verwerflich und schnöde;
da ist keiner, der Gutes tut.

13,3a Text korr.; H ist unverständlich.

² Der Herr blickt vom Himmel herab
auf die Menschen,
    ob noch ein Verständiger da ist,
    der Gott sucht.
³ Alle sind sie abtrünnig und verdorben,
    keiner tut Gutes, auch nicht ein einziger.

⁴ Haben denn all die Übeltäter keine Einsicht?
    Sie verschlingen mein Volk.
Sie essen das Brot des Herrn,
    doch seinen Namen rufen sie nicht an.
⁵ Es trifft sie Furcht und Schrecken;
    denn Gott steht auf der Seite der Gerechten.
⁶ Die Pläne der Armen wollt ihr vereiteln,
    doch ihre Zuflucht ist der Herr.

⁷ Ach, käme doch vom Zion Hilfe für Israel! /
Wenn einst der Herr das Geschick
seines Volkes wendet,
    dann jubelt Jakob, dann freut sich Israel.

Die Bedingungen für den Eintritt ins Heiligtum

15 [Ein Psalm Davids.]
Herr, wer darf Gast sein in deinem Zelt,
    wer darf weilen auf deinem heiligen Berg?

² Der makellos lebt und das Rechte tut; /
der von Herzen die Wahrheit sagt
³   und mit seiner Zunge nicht verleumdet;
der seinem Freund nichts Böses antut
    und seinen Nächsten nicht schmäht;

⁴ der den Verworfenen verachtet,
　　doch alle, die den Herrn fürchten, in Ehren hält;
　der sein Versprechen nicht ändert,
　　das er seinem Nächsten geschworen hat;
⁵ der sein Geld nicht auf Wucher ausleiht
　　und nicht zum Nachteil des Schuldlosen
　　Bestechung annimmt.

　Wer sich danach richtet,
　　der wird niemals wanken.

　　　Gott, der Anteil seiner Getreuen

16
[Ein Lied Davids.]
Behüte mich, Gott, denn ich vertraue dir. /
² Ich sage zum Herrn: »Du bist mein Herr;
　　mein ganzes Glück bist du allein.«
³ An den Heiligen im Lande, den Herrlichen,
　　an ihnen nur hab' ich mein Gefallen.
⁴ Viele Schmerzen leidet, wer fremden Göttern folgt. /
　Ich will ihnen nicht opfern,
　　ich nehme ihre Namen nicht auf meine Lippen.

⁵ Du, Herr, gibst mir das Erbe
　und reichst mir den Becher;
　　du hältst mein Los in deinen Händen.
⁶ Auf schönem Land fiel mir mein Anteil zu.
　　Ja, mein Erbe gefällt mir gut.

15,4 Nach G und S; H ist verderbt.
16,2–4 Sinn von H ist nicht ganz klar.
16,6b mein: ergänzt nach G und S.

⁷ Ich preise den Herrn, der mich beraten hat.
    Auch mahnt mich mein Herz in der Nacht.
⁸ Ich habe den Herrn beständig vor Augen.
    Er steht mir zur Rechten, ich wanke nicht.

⁹ Darum freut sich mein Herz
  und frohlockt meine Seele;
    auch mein Leib wird wohnen in Sicherheit.
¹⁰ Denn du gibst mich nicht der Unterwelt preis;
    du läßt deinen Frommen das Grab nicht
    schauen.
¹¹ Du zeigst mir den Pfad zum Leben. /
  Vor deinem Angesicht herrscht Freude in Fülle,
    zu deiner Rechten Wonne für alle Zeit.

            Das Gebet eines Verfolgten

17 [Ein Gebet Davids.]
     Höre, Herr, die gerechte Sache, /
  achte auf mein Flehen,
    vernimm mein Gebet von Lippen ohne Falsch!
² Von deinem Angesicht ergehe mein Urteil;
    denn deine Augen sehen, was recht ist.
³ Prüfst du mein Herz, /
  suchst du mich heim in der Nacht
  und erprobst mich,
    dann findest du an mir kein Unrecht.
  Mein Mund verging sich nicht, /
⁴ trotz allem, was die Menschen auch treiben;
    ich halte mich an das Wort deiner Lippen.

17,3c findest du: Text korr. nach G und S.

5 Auf dem Weg deiner Gebote gehn meine Schritte,
   meine Füße wanken nicht auf deinen Pfaden.

6 Ich rufe dich an, denn du, Gott, erhörst mich.
   Wende dein Ohr mir zu, vernimm meine Rede!
7 Wunderbar erweise deine Huld!
   Du rettest alle, die sich an deiner Rechten
   vor den Feinden bergen.
8 Behüte mich wie den Augapfel,
   den Stern des Auges,
   birg mich im Schatten deiner Flügel
9 vor den Frevlern, die mich hart bedrängen,
   vor den Feinden, die mich wütend umringen.
10 Sie haben ihr hartes Herz verschlossen,
   sie führen stolze Worte im Mund,
11 sie lauern mir auf, jetzt kreisen sie mich ein;
   sie trachten danach, mich zu Boden zu strecken,
12 so wie der Löwe voll Gier ist zu zerreißen,
   wie der junge Löwe, der im Hinterhalt lauert.

13 Erheb dich, Herr, tritt dem Frevler entgegen!
   Wirf ihn zu Boden,
   mit deinem Schwert entreiß mich ihm!
14 Rette mich, Herr, mit deiner Hand
   vor diesen Leuten,
   vor denen, die im Leben schon alles haben.
   Du füllst ihren Leib mit Gütern, /

17,10a ihr hartes Herz, wörtlich: ihr Fett.
17,11a sie lauern mir auf: Text korr.; H: unsere Schritte.
17,14b H ist verderbt.

auch ihre Söhne werden noch satt
und hinterlassen den Enkeln, was übrigbleibt.

15 Ich aber will in Gerechtigkeit
dein Angesicht schauen,
mich satt sehen an deiner Gestalt,
wenn ich erwache.

Ein Danklied des Königs für Rettung und Sieg

18 [Für den Chormeister. Von David, dem Knecht des Herrn, der dem Herrn die Worte dieses Liedes sang an dem Tag, als ihn der Herr aus der Gewalt all seiner Feinde und aus der Hand Sauls errettet hatte.

2 Er sprach:]
Ich will dich rühmen, Herr, meine Stärke,
3   Herr, du mein Fels, meine Burg, mein Retter,
mein Gott, meine Feste, in der ich mich berge,
mein Schild und sicheres Heil, meine Zuflucht.
4 Ich rufe: Der Herr sei gepriesen!,
und ich werde vor meinen Feinden gerettet.
5 Mich umfingen die Fesseln des Todes,
mich erschreckten die Fluten des Verderbens.
6 Die Bande der Unterwelt umstrickten mich,
über mich fielen die Schlingen des Todes.
7 In meiner Not rief ich zum Herrn
und schrie zu meinem Gott.
Aus seinem Heiligtum hörte er mein Rufen,
mein Hilfeschrei drang an sein Ohr.

18,2 Text korr.; H: Ich will dich lieben.

⁸ Da wankte und schwankte die Erde, /
  die Grundfesten der Berge erbebten.
      Sie wankten, denn sein Zorn war entbrannt.
⁹ Rauch stieg aus seiner Nase auf, /
  aus seinem Mund kam verzehrendes Feuer,
      glühende Kohlen sprühten aus von ihm.
¹⁰ Er neigte den Himmel und fuhr herab,
      zu seinen Füßen dunkle Wolken.
¹¹ Er fuhr auf dem Kerub und flog daher;
      er schwebte auf den Flügeln des Windes.
¹² Er hüllte sich in Finsternis,
      in dunkles Wasser und dichtes Gewölk
      wie in ein Zelt.
¹³ Von seinem Glanz erstrahlten die Wolken,
      Hagel fiel nieder und glühende Kohlen.
¹⁴ Da ließ der Herr den Donner
  im Himmel erdröhnen,
      der Höchste ließ seine Stimme erschallen.
¹⁵ Er schoß seine Pfeile und streute sie,
      er schleuderte Blitze und jagte sie dahin.
¹⁶ Da wurden sichtbar die Tiefen des Meeres,
      die Grundfesten der Erde wurden entblößt
  vor deinem Drohen, Herr,
      vor dem Schnauben deines zornigen Atems.

18,13a die Wolken: Text korrigiert nach G und 2 Sam 22,14.

18,14 Text korr. nach G und 2 Sam 22,14; H fügt am Schluß hinzu: Hagel und glühende Kohlen.

18,15 Text korr. nach 2 Sam 22,15.

18,16a Text korr.; H: des Wassers des Meeres.

¹⁷ Er griff aus der Höhe herab und faßte mich,
     zog mich heraus aus gewaltigen Wassern.
¹⁸ Er entriß mich meinen mächtigen Feinden,
     die stärker waren als ich und mich haßten.
¹⁹ Sie überfielen mich am Tag meines Unheils,
     doch der Herr wurde mein Halt.
²⁰ Er führte mich hinaus ins Weite,
     er befreite mich, denn er hatte an mir Gefallen.

²¹ Der Herr hat gut an mir gehandelt
   und mir vergolten,
        weil ich gerecht bin und meine Hände rein sind.
²² Denn ich hielt mich an die Wege des Herrn
     und fiel nicht ruchlos ab von meinem Gott.
²³ Ja, ich habe alle seine Gebote vor Augen,
     weise seine Gesetze niemals ab.
²⁴ Ich war vor ihm ohne Makel,
     ich nahm mich in acht vor der Sünde.
²⁵ Darum hat der Herr mir vergolten,
   weil ich gerecht bin
        und meine Hände rein sind vor seinen Augen.
²⁶ Gegen den Treuen zeigst du dich treu,
     an dem Aufrichtigen handelst du recht.
²⁷ Gegen den Reinen zeigst du dich rein,
     doch falsch gegen den Falschen.
²⁸ Dem bedrückten Volk bringst du Heil,
     doch die Blicke der Stolzen zwingst du nieder.

²⁹ Du, Herr, läßt meine Leuchte erstrahlen,
     mein Gott macht meine Finsternis hell.

³⁰ Mit dir erstürme ich Wälle,
      mit meinem Gott überspringe ich Mauern.
³¹ Vollkommen ist Gottes Weg, /
      das Wort des Herrn ist im Feuer geläutert.
            Ein Schild ist er für alle, die sich bei ihm bergen.
³² Denn wer ist Gott als allein der Herr,
      wer ist ein Fels, wenn nicht unser Gott?
³³ Gott hat mich mit Kraft umgürtet,
      er führte mich auf einen Weg ohne Hindernis.
³⁴ Er ließ mich springen schnell wie Hirsche,
      auf hohem Weg ließ er mich gehen.
³⁵ Er lehrte meine Hände zu kämpfen,
      meine Arme, den ehernen Bogen zu spannen.

³⁶ Du gabst mir deine Hilfe zum Schild, /
      deine Rechte stützt mich;
            du neigst dich mir zu und machst mich groß.
³⁷ Du schaffst meinen Schritten weiten Raum,
      meine Knöchel wanken nicht.
³⁸ Ich verfolge meine Feinde und hole sie ein,
      ich kehre nicht um, bis sie vernichtet sind.
³⁹ Ich schlage sie nieder;
      sie können sich nicht mehr erheben,
            sie fallen und liegen unter meinen Füßen.
⁴⁰ Du hast mich zum Kampf mit Kraft umgürtet,
      hast alle in die Knie gezwungen,
            die sich gegen mich erhoben.

───────────

18,30a Text korr.; H ist unklar.
18,34b Wörtlich: auf meinen Höhen.
18,36c Text korr.; in H andere Vokalisierung.
18,40b alle: ergänzt nach G.

⁴¹ Meine Feinde hast du zur Flucht gezwungen;
     ich konnte die vernichten, die mich hassen.
⁴² Sie schreien, doch hilft ihnen niemand,
     sie schreien zum Herrn,
       doch er gibt keine Antwort.
⁴³ Ich zermalme sie zu Staub vor dem Wind,
     schütte sie auf die Straße wie Unrat.
⁴⁴ Du rettest mich vor zahllosem Kriegsvolk,
       du machst mich zum Haupt über ganze Völker.
   Stämme, die ich früher nicht kannte,
   sind mir nun untertan.
⁴⁵   Sobald sie mich nur hören, gehorchen sie.
   Mir huldigen die Söhne der Fremde,
⁴⁶   sie kommen zitternd aus ihren Burgen hervor.

⁴⁷ Es lebt der Herr! Mein Fels sei gepriesen.
     Der Gott meines Heils sei hoch erhoben;
⁴⁸ denn Gott verschaffte mir Vergeltung
     und unterwarf mir die Völker.
⁴⁹ Du hast mich von meinen Feinden befreit, /
   mich über meine Gegner erhoben,
     dem Mann der Gewalt mich entrissen.
⁵⁰ Darum will ich dir danken, Herr, vor den Völkern,
     ich will deinem Namen singen und spielen.
⁵¹ Seinem König verlieh er große Hilfe, /
   Huld erwies er seinem Gesalbten,
     David und seinem Stamm auf ewig.

18,44 Text leicht korr.
18,46 Text korr.; in H geht eine zusätzliche Verszeile (46a) voraus:
Die Söhne der Fremde verschmachten und kommen.
18,49b Nach 2 Sam 22,49.

Lob der Schöpfung – Lob des Gesetzes

19 [Für den Chormeister. Ein Psalm Davids.]
² Die Himmel rühmen die Herrlichkeit Gottes,
vom Werk seiner Hände kündet das Firmament.
³ Ein Tag sagt es dem andern,
eine Nacht tut es der andern kund,
⁴ ohne Worte und ohne Reden,
unhörbar bleibt ihre Stimme.
⁵ Doch ihre Botschaft geht
in die ganze Welt hinaus,
ihre Kunde bis zu den Enden der Erde.
Dort hat er der Sonne ein Zelt gebaut.
⁶ Sie tritt aus ihrem Gemach hervor
wie ein Bräutigam;
sie frohlockt wie ein Held
und läuft ihre Bahn.
⁷ Am einen Ende des Himmels geht sie auf /
und läuft bis ans andere Ende;
nichts kann sich vor ihrer Glut verbergen.

⁸ Die Weisung des Herrn ist vollkommen,
sie erquickt den Menschen.
Das Gesetz des Herrn ist verläßlich,
den Unwissenden macht es weise.
⁹ Die Befehle des Herrn sind richtig,
sie erfreuen das Herz;

19,5a Text korr. nach G.
19,6c Ergänzt nach G und S.
19,8a Textvorschlag für die Psalmodie: Die Weisung des Herrn ist vollkommen und gut.

   das Gebot des Herrn ist lauter,
     es erleuchtet die Augen.
¹⁰ Die Furcht des Herrn ist rein,
     sie besteht für immer.
  Die Urteile des Herrn sind wahr,
     gerecht sind sie alle.
¹¹ Sie sind kostbarer als Gold, als Feingold in Menge.
     Sie sind süßer als Honig, als Honig aus Waben.

¹² Auch dein Knecht läßt sich von ihnen warnen;
     wer sie beachtet, hat reichen Lohn.
¹³ Wer bemerkt seine eigenen Fehler?
     Sprich mich frei von Schuld,
     die mir nicht bewußt ist!
¹⁴ Behüte deinen Knecht auch vor
  vermessenen Menschen;
     sie sollen nicht über mich herrschen.
  Dann bin ich ohne Makel
     und rein von schwerer Schuld.
¹⁵ Die Worte meines Mundes mögen dir gefallen; /
  was ich im Herzen erwäge, stehe dir vor Augen,
  Herr, mein Fels und mein Erlöser.

Bitte für den König

20 [Für den Chormeister. Ein Psalm Davids.]
   ² Der Herr erhöre dich am Tage der Not,
   der Name von Jakobs Gott
     möge dich schützen.
 ³ Er sende dir Hilfe vom Heiligtum
     und stehe dir bei vom Zion her.

⁴ An all deine Speiseopfer denke er,
      nehme dein Brandopfer gnädig an. [Sela]
⁵ Er schenke dir, was dein Herz begehrt,
      und lasse all deine Pläne gelingen.
⁶ Dann wollen wir jubeln über deinen Sieg, /
      im Namen unsres Gottes das Banner erheben.
         All deine Bitten erfülle der Herr
⁷ Nun bin ich gewiß:
      der Herr schenkt seinem Gesalbten den Sieg;
   er erhört ihn von seinem heiligen Himmel her
      und hilft ihm mit der Macht seiner Rechten.
⁸ Die einen sind stark durch Wagen,
   die andern durch Rosse,
      wir aber sind stark im Namen des Herrn,
         unsres Gottes.
⁹ Sie sind gestürzt und gefallen;
      wir bleiben aufrecht und stehen.
¹⁰ Herr, verleihe dem König den Sieg!
      Erhör uns am Tag, da wir rufen!

Dank für den Sieg des Königs

21 [Für den Chormeister. Ein Psalm Davids.]
      ² An deiner Macht, Herr, freut sich der König;
         über deine Hilfe, wie jubelt er laut!

20,4b Wörtlich: er erkläre dein Brandopfer für fett.
   20,10 Nach G; H: Herr, gib den Sieg! Der König wird uns antworten
am Tag, da wir ihn rufen.

³ Du hast ihm den Wunsch seines Herzens erfüllt,
    ihm nicht versagt, was seine Lippen begehrten.
    [Sela]
⁴ Du kamst ihm entgegen mit Segen und Glück,
    du kröntest ihn mit einer goldenen Krone.
⁵ Leben erbat er von dir, du gabst es ihm,
    viele Tage, für immer und ewig.
⁶ Groß ist sein Ruhm durch deine Hilfe,
    du hast ihn bekleidet mit Hoheit und Pracht.
⁷ Du machst ihn zum Segen für immer;
    wenn du ihn anblickst,
    schenkst du ihm große Freude.

⁸ Denn der König vertraut auf den Herrn,
    die Huld des Höchsten läßt ihn niemals wanken.
⁹ Deine Hand wird all deine Feinde finden;
    wer dich haßt, den trifft deine Rechte.
¹⁰ Du läßt sie glühen wie einen feurigen Ofen,
    sobald du erscheinst.
  Der Herr verschlingt sie im Zorn,
    das Feuer verzehrt sie.
¹¹ Du wirst ihre Brut von der Erde vertilgen;
    ihr Geschlecht (verschwindet)
    aus der Mitte der Menschen.
¹² Schmieden sie auch böse und listige Pläne,
    richten sie doch nichts aus gegen dich.
¹³ Du schlägst sie alle in die Flucht,
    wenn du mit deinem Bogen auf sie zielst.

21,13b auf sie, wörtlich: auf ihr Gesicht.

¹⁴ Erhebe dich, Herr, in deiner Macht!
      Deiner siegreichen Kraft
      wollen wir singen und spielen.

Gottverlassenheit und Heilsgewißheit

22 [Für den Chormeister. Nach der Weise
»Hinde der Morgenröte«. Ein Psalm Davids.]
² Mein Gott, mein Gott,
   warum hast du mich verlassen,
      bist fern meinem Schreien,
      den Worten meiner Klage?
³ Mein Gott, ich rufe bei Tag,
   doch du gibst keine Antwort;
      ich rufe bei Nacht und finde doch keine Ruhe.

⁴ Aber du bist heilig,
      du thronst über dem Lobpreis Israels.
⁵ Dir haben unsre Väter vertraut,
      sie haben vertraut, und du hast sie gerettet.
⁶ Zu dir riefen sie und wurden befreit,
      dir vertrauten sie und wurden nicht zuschanden.

⁷ Ich aber bin ein Wurm und kein Mensch,
      der Leute Spott, vom Volk verachtet.
⁸ Alle, die mich sehen, verlachen mich,
      verziehen die Lippen, schütteln den Kopf:
⁹ »Er wälze die Last auf den Herrn,
      der soll ihn befreien!

22,9a Er wälze: Text korr.; H: Wälze.

Der reiße ihn heraus,
>wenn er an ihm Gefallen hat.«
¹⁰ Du bist es, der mich aus dem Schoß
meiner Mutter zog,
>mich barg an der Brust der Mutter.
¹¹ Von Geburt an bin ich geworfen auf dich,
>vom Mutterleib an bist du mein Gott.
¹² Sei mir nicht fern, denn die Not ist nahe,
>und niemand ist da, der hilft.

¹³ Viele Stiere umgeben mich,
>Büffel von Baschan umringen mich.
¹⁴ Sie sperren gegen mich ihren Rachen auf,
>reißende, brüllende Löwen.
¹⁵ Ich bin hingeschüttet wie Wasser, /
gelöst haben sich all meine Glieder.
>Mein Herz ist in meinem Leib
>wie Wachs zerflossen.
¹⁶ Meine Kehle ist trocken wie eine Scherbe, /
die Zunge klebt mir am Gaumen,
>du legst mich in den Staub des Todes.
¹⁷ Viele Hunde umlagern mich, /
eine Rotte von Bösen umkreist mich.
>Sie durchbohren mir Hände und Füße.
¹⁸ Man kann all meine Knochen zählen;
>sie gaffen und weiden sich an mir.

22,16a Meine Kehle: Text korr.; H: Meine Kraft.
22,17a Viele: ergänzt nach G und der aramäischen Übersetzung.
22,17c Sie durchbohren: Übersetzung unsicher; Text korr. nach G;
H: wie ein Löwe.

¹⁹ Sie verteilen unter sich meine Kleider
    und werfen das Los um mein Gewand.
²⁰ Du aber, Herr, halte dich nicht fern!
    Du, meine Stärke, eil mir zu Hilfe!
²¹ Entreiße mein Leben dem Schwert,
    mein einziges Gut aus der Gewalt der Hunde!
²² Rette mich vor dem Rachen des Löwen,
    vor den Hörnern der Büffel rette mich Armen!

²³ Ich will deinen Namen meinen Brüdern verkünden,
    inmitten der Gemeinde dich preisen.
²⁴ Die ihr den Herrn fürchtet, preist ihn, /
ihr alle vom Stamm Jakobs, rühmt ihn;
    erschauert alle vor ihm, ihr Nachkommen Israels!
²⁵ Denn er hat nicht verachtet,
    nicht verabscheut das Elend des Armen.
Er verbirgt sein Gesicht nicht vor ihm;
    er hat auf sein Schreien gehört.
²⁶ Deine Treue preise ich in großer Gemeinde;
    ich erfülle meine Gelübde vor denen,
    die Gott fürchten.
²⁷ Die Armen sollen essen und sich sättigen; /
den Herrn sollen preisen, die ihn suchen.
    Aufleben soll euer Herz für immer.

²⁸ Alle Enden der Erde sollen daran denken /
und werden umkehren zum Herrn:

22,22b Nach G und S; H: vor den Hörnern der Büffel hast du mich erhört.

22,28c Text korr. nach mehreren G–Handschriften und S; H: Vor dir.

Vor ihm werfen sich alle Stämme der Völker
nieder.
²⁹ Denn der Herr regiert als König;
er herrscht über die Völker.
³⁰ Vor ihm allein sollen niederfallen
die Mächtigen der Erde,
vor ihm sich alle niederwerfen,
die in der Erde ruhen.
[Meine Seele, sie lebt für ihn;
³¹ mein Stamm wird ihm dienen.]
Vom Herrn wird man dem künftigen Geschlecht
erzählen, /
³² seine Heilstat verkündet man
dem kommenden Volk;
denn ér hat das Werk getan.

Der gute Hirt

23 [Ein Psalm Davids.]
Der Herr ist mein Hirte,
nichts wird mir fehlen.
² Er läßt mich lagern auf grünen Auen
und führt mich zum Ruheplatz am Wasser.
³ Er stillt mein Verlangen;
er leitet mich auf rechten Pfaden,
treu seinem Namen.
⁴ Muß ich auch wandern in finsterer Schlucht,
ich fürchte kein Unheil;
denn du bist bei mir,
dein Stock und dein Stab geben mir Zuversicht.

22,30 H ist stark verderbt.

⁵ Du deckst mir den Tisch
　　vor den Augen meiner Feinde.
　Du salbst mein Haupt mit Öl,
　　du füllst mir reichlich den Becher.
⁶ Lauter Güte und Huld werden mir folgen
　mein Leben lang,
　　und im Haus des Herrn darf ich wohnen
　　für lange Zeit.

　　Der Einzug des Herrn in sein Heiligtum

24 [Ein Psalm Davids.]
　　Dem Herrn gehört die Erde und was sie erfüllt,
　　der Erdkreis und seine Bewohner.
² Denn er hat ihn auf Meere gegründet,
　　ihn über Strömen befestigt.

³ Wer darf hinaufziehn zum Berg des Herrn,
　　wer darf stehn an seiner heiligen Stätte?
⁴ Der reine Hände hat und ein lauteres Herz,
　　der nicht betrügt und keinen Meineid schwört.
⁵ Er wird Segen empfangen vom Herrn
　　und Heil von Gott, seinem Helfer.
⁶ Das sind die Menschen, die nach ihm fragen,
　　die dein Antlitz suchen, Gott Jakobs. [Sela]

⁷ Ihr Tore, hebt euch nach oben, /
　hebt euch, ihr uralten Pforten;
　　denn es kommt der König der Herrlichkeit.

23,6b im Haus...wohnen: Text korr. nach G, S und der aramäischen
Übersetzung; H: ins Haus des Herrn kehre ich zurück.
　24,6b Nach S.

⁸ Wer ist der König der Herrlichkeit?
    Der Herr, stark und gewaltig,
    der Herr, mächtig im Kampf.
⁹ Ihr Tore, hebt euch nach oben, /
  hebt euch, ihr uralten Pforten;
    denn es kommt der König der Herrlichkeit.
¹⁰ Wer ist der König der Herrlichkeit?
    Der Herr der Heerscharen,
    er ist der König der Herrlichkeit. [Sela]

Die Bitte um Vergebung und Leitung

25 [Von David.]
    Zu dir, Herr, erhebe ich meine Seele.
²   Mein Gott, auf dich vertraue ich.
  Laß mich nicht scheitern,
    laß meine Feinde nicht triumphieren!
³ Denn niemand, der auf dich hofft, wird zuschanden;
    zuschanden wird, wer dir schnöde
    die Treue bricht.

⁴ Zeige mir, Herr, deine Wege,
    lehre mich deine Pfade!
⁵ Führe mich in deiner Treue und lehre mich; /
  denn du bist der Gott meines Heiles.
    Auf dich hoffe ich allezeit.
⁶ Denk an dein Erbarmen, Herr, /
  und an die Taten deiner Huld;
    denn sie bestehen seit Ewigkeit.
⁷ Denk nicht an meine Jugendsünden
  und meine Frevel!

In deiner Huld denk an mich, Herr,
denn du bist gütig.

⁸ Gut und gerecht ist der Herr,
darum weist er die Irrenden auf den rechten Weg.

⁹ Die Demütigen leitet er nach seinem Recht,
die Gebeugten lehrt er seinen Weg.

¹⁰ Alle Pfade des Herrn sind Huld und Treue
denen, die seinen Bund
und seine Gebote bewahren.

¹¹ Um deines Namens willen, Herr, verzeih mir;
denn meine Schuld ist groß.

¹² Wer ist der Mann, der Gott fürchtet?
Ihm zeigt er den Weg, den er wählen soll.

¹³ Dann wird er wohnen im Glück,
seine Kinder werden das Land besitzen.

¹⁴ Die sind Vertraute des Herrn, die ihn fürchten;
er weiht sie ein in seinen Bund.

¹⁵ Meine Augen schauen stets auf den Herrn;
denn er befreit meine Füße aus dem Netz.

¹⁶ Wende dich mir zu und sei mir gnädig;
denn ich bin einsam und gebeugt.

¹⁷ Befrei mein Herz von der Angst,
führe mich heraus aus der Bedrängnis!

¹⁸ Sieh meine Not und Plage an,
und vergib mir all meine Sünden!

¹⁹ Sieh doch, wie zahlreich meine Feinde sind,
mit welch tödlichem Haß sie mich hassen!

25,17a Text korr.; H: Nöte haben mein Herz weit (einsichtig?) gemacht.

²⁰ Erhalte mein Leben und rette mich, /
  laß mich nicht scheitern!
        Denn ich nehme zu dir meine Zuflucht.
²¹ Unschuld und Redlichkeit mögen mich schützen,
        denn ich hoffe auf dich, o Herr.

²² O Gott, erlöse Israel
        aus all seinen Nöten!

Die Bitte eines unschuldig Verfolgten

26 [Von David.]
  Verschaff mir Recht, o Herr;
  denn ich habe ohne Schuld gelebt.
        Dem Herrn habe ich vertraut, ohne zu wanken.
² Erprobe mich, Herr, und durchforsche mich,
        prüfe mich auf Herz und Nieren!

³ Denn mir stand deine Huld vor Augen,
        ich ging meinen Weg in Treue zu dir.
⁴ Ich saß nicht bei falschen Menschen,
        mit Heuchlern hatte ich keinen Umgang.
⁵ Verhaßt ist mir die Schar derer, die Unrecht tun;
        ich sitze nicht bei den Frevlern.

⁶ Ich wasche meine Hände in Unschuld;
        ich umschreite, Herr, deinen Altar,
⁷ um laut dein Lob zu verkünden
        und all deine Wunder zu erzählen.
⁸ Herr, ich liebe den Ort, wo dein Tempel steht,
        die Stätte, wo deine Herrlichkeit wohnt.

25,21b o Herr: ergänzt nach G.

⁹ Raff mich nicht hinweg mit den Sündern,
    nimm mir nicht das Leben
    zusammen mit dem der Mörder!
¹⁰ An ihren Händen klebt Schandtat,
    ihre Rechte ist voll von Bestechung.
¹¹ Ich aber gehe meinen Weg ohne Schuld.
    Erlöse mich, und sei mir gnädig!
¹² Mein Fuß steht auf festem Grund.
    Den Herrn will ich preisen in der Gemeinde.

Die Gemeinschaft mit Gott

27 [Von David.]
    Der Herr ist mein Licht und mein Heil:
    Vor wem sollte ich mich fürchten?
 Der Herr ist die Kraft meines Lebens:
    Vor wem sollte mir bangen?
² Dringen Frevler auf mich ein,
    um mich zu verschlingen,
 meine Bedränger und Feinde,
    sie müssen straucheln und fallen.
³ Mag ein Heer mich belagern:
    Mein Herz wird nicht verzagen.
 Mag Krieg gegen mich toben:
    Ich bleibe dennoch voll Zuversicht.

⁴ Nur eines erbitte ich vom Herrn,
    danach verlangt mich:
 Im Haus des Herrn zu wohnen
    alle Tage meines Lebens,
 die Freundlichkeit des Herrn zu schauen
    und nachzusinnen in seinem Tempel.

⁵ Denn er birgt mich in seinem Haus
    am Tage des Unheils;
  er beschirmt mich im Schutz seines Zeltes,
    er hebt mich auf einen Felsen empor.
⁶ Nun kann ich mein Haupt erheben
    über die Feinde, die mich umringen.
  Ich will Opfer darbringen in seinem Zelt,
  Opfer mit Jubel;
    dem Herrn will ich singen und spielen.

⁷ Vernimm, o Herr, mein lautes Rufen;
    sei mir gnädig, und erhöre mich!
⁸ Mein Herz denkt an dein Wort:
  »Sucht mein Angesicht!«
    Dein Angesicht, Herr, will ich suchen.
⁹ Verbirg nicht dein Gesicht vor mir; /
  weise deinen Knecht im Zorn nicht ab!
    Du wurdest meine Hilfe.
  Verstoß mich nicht, verlaß mich nicht,
    du Gott meines Heiles!
¹⁰ Wenn mich auch Vater und Mutter verlassen,
    der Herr nimmt mich auf.

¹¹ Zeige mir, Herr, deinen Weg,
    leite mich auf ebener Bahn trotz meiner Feinde!
¹² Gib mich nicht meinen gierigen Gegnern preis;
    denn falsche Zeugen stehen gegen mich auf
    und wüten.
¹³ Ich aber bin gewiß, zu schauen
    die Güte des Herrn im Land der Lebenden.

¹⁴ Hoffe auf den Herrn, und sei stark!
 Hab festen Mut, und hoffe auf den Herrn!

Hilferuf in Todesgefahr und Dank für Erhörung

28 [Von David.]
 Zu dir rufe ich, Herr, mein Fels.
 Wende dich nicht schweigend ab von mir!
 Denn wolltest du schweigen,
 würde ich denen gleich, die längst begraben sind.

² Höre mein lautes Flehen, wenn ich zu dir schreie,
 wenn ich die Hände zu deinem Allerheiligsten
 erhebe.

³ Raff mich nicht weg mit den Übeltätern
 und Frevlern, /
 die ihren Nächsten freundlich grüßen,
 doch Böses hegen in ihrem Herzen.

⁴ Vergilt ihnen, wie es ihrem Treiben entspricht
 und ihren bösen Taten.
 Vergilt ihnen, wie es das Werk ihrer Hände
 verdient.
 Wende ihr Tun auf sie selbst zurück!

⁵ Denn sie achten nicht auf das Walten des Herrn
 und auf das Werk seiner Hände.
 Darum reißt er sie nieder
 und richtet sie nicht wieder auf.

⁶ Der Herr sei gepriesen.
 Denn er hat mein lautes Flehen erhört.

⁷ Der Herr ist meine Kraft und mein Schild,
 mein Herz vertraut ihm.

Mir wurde geholfen. Da jubelte mein Herz;
    ich will ihm danken mit meinem Lied.
8 Der Herr ist die Stärke seines Volkes,
    er ist Schutz und Heil für seinen Gesalbten.
9 Hilf deinem Volk, und segne dein Erbe,
    führe und trage es in Ewigkeit!

Gottes Herrlichkeit im Gewitter

29 [Ein Psalm Davids.]
    Bringt dar dem Herrn, ihr Himmlischen,
    bringt dar dem Herrn Lob und Ehre!
2 Bringt dar dem Herrn die Ehre seines Namens,
    werft euch nieder vor dem Herrn
    in heiligem Schmuck!

3 Die Stimme des Herrn
erschallt über den Wassern. /
Der Gott der Herrlichkeit donnert,
    der Herr über gewaltigen Wassern.
4 Die Stimme des Herrn ertönt mit Macht,
    die Stimme des Herrn voll Majestät.
5 Die Stimme des Herrn zerbricht die Zedern,
    der Herr zerschmettert die Zedern des Libanon.
6 Er läßt den Libanon hüpfen wie ein Kalb,
    wie einen Wildstier den Sirjon.
7 Die Stimme des Herrn sprüht flammendes Feuer, /
8 die Stimme des Herrn läßt die Wüste beben,
    beben läßt der Herr die Wüste von Kadesch.

28,8a Text korr. nach G und S.

⁹ Die Stimme des Herrn wirbelt Eichen empor, /
   sie reißt ganze Wälder kahl.
       In seinem Palast rufen alle: O herrlicher Gott!

¹⁰ Der Herr thront über der Flut,
       der Herr thront als König in Ewigkeit.
¹¹ Der Herr gebe Kraft seinem Volk.
       Der Herr segne sein Volk mit Frieden.

            Dank für die Rettung aus Todesnot

30 [Ein Psalm. Ein Lied zur Tempelweihe.
       Von David.]
   ² Ich will dich rühmen, Herr, /
   denn du hast mich aus der Tiefe gezogen
       und läßt meine Feinde nicht über mich
       triumphieren.
   ³ Herr, mein Gott, ich habe zu dir geschrien,
       und du hast mich geheilt.
   ⁴ Herr, du hast mich herausgeholt
   aus dem Reich des Todes,
       aus der Schar der Todgeweihten
       mich zum Leben gerufen.
   ⁵ Singt und spielt dem Herrn, ihr seine Frommen,
       preist seinen heiligen Namen!
   ⁶ Denn sein Zorn dauert nur einen Augenblick,
       doch seine Güte ein Leben lang.

   ───────────

   29,9ab Text korr. durch Vokaländerung; andere Übersetzungsmöglichkeit: Die Stimme des Herrn versetzt Hirschkühe in Wehen, bringt
   die Ziegen zur Frühgeburt.
   30,5b Wörtlich: preist sein heiliges Gedenken.

Wenn man am Abend auch weint,
   am Morgen herrscht wieder Jubel.

[7] Im sicheren Glück dachte ich einst:
   Ich werde niemals wanken.
[8] Herr, in deiner Güte
   stelltest du mich auf den schützenden Berg.
Doch dann hast du dein Gesicht verborgen.
   Da bin ich erschrocken.
[9] Zu dir, Herr, rief ich um Hilfe,
   ich flehte meinen Herrn um Gnade an.
[10] (Ich sagte:) /
Was nützt dir mein Blut, wenn ich begraben bin?
   Kann der Staub dich preisen,
   deine Treue verkünden?
[11] Höre mich, Herr, sei mir gnädig!
   Herr, sei du mein Helfer!

[12] Da hast du mein Klagen in Tanzen verwandelt,
   hast mir das Trauergewand ausgezogen
   und mich mit Freude umgürtet.
[13] Darum singt dir mein Herz
und will nicht verstummen.
   Herr, mein Gott, ich will dir danken
   in Ewigkeit.

Gott, die sichere Zuflucht

31 [Für den Chormeister. Ein Psalm Davids.]
   [2] Herr, ich suche Zuflucht bei dir. /

30,8 auf den schützenden Berg, wörtlich: auf feste Berge.
30,13a Text korr. nach G.

Laß mich doch niemals scheitern;
     rette mich in deiner Gerechtigkeit!
3 Wende dein Ohr mir zu,
     erlöse mich bald!
  Sei mir ein schützender Fels,
     eine feste Burg, die mich rettet.
4 Denn du bist mein Fels und meine Burg;
     um deines Namens willen
     wirst du mich führen und leiten.
5 Du wirst mich befreien aus dem Netz,
  das sie mir heimlich legten;
     denn du bist meine Zuflucht.
6 In deine Hände lege ich voll Vertrauen
  meinen Geist;
     du hast mich erlöst, Herr, du treuer Gott.
7 Dir sind alle verhaßt,
  die nichtige Götzen verehren,
     ich aber verlasse mich auf den Herrn.

8 Ich will jubeln und über deine Huld mich freuen;/
  denn du hast mein Elend angesehn,
     du bist mit meiner Not vertraut.
9 Du hast mich nicht preisgegeben
  der Gewalt meines Feindes,
     hast meinen Füßen freien Raum geschenkt.

10 Herr, sei mir gnädig, denn mir ist angst;
     vor Gram zerfallen mir Auge, Seele und Leib.
11 In Kummer schwindet mein Leben dahin,
     meine Jahre verrinnen im Seufzen.

31,7a Dir sind: Text korr. nach G, S und Vg; H: Mir sind.

Meine Kraft ist ermattet im Elend,
  meine Glieder sind zerfallen.
12 Zum Spott geworden bin ich all meinen Feinden,/
ein Hohn den Nachbarn,
ein Schrecken den Freunden;
  wer mich auf der Straße sieht, der flieht vor mir.
13 Ich bin dem Gedächtnis entschwunden
wie ein Toter,
  bin geworden wie ein zerbrochenes Gefäß.
14 Ich höre das Zischeln der Menge –
Grauen ringsum. /
Sie tun sich gegen mich zusammen;
  sie sinnen darauf, mir das Leben zu rauben.
15 Ich aber, Herr, ich vertraue dir,
  ich sage: »Du bist mein Gott.«
16 In deiner Hand liegt mein Geschick;
  entreiß mich der Hand
  meiner Feinde und Verfolger!
17 Laß dein Angesicht leuchten über deinem Knecht,
  hilf mir in deiner Güte!
18 Herr, laß mich nicht scheitern,
  denn ich rufe zu dir.
Scheitern sollen die Frevler,
  verstummen und hinabfahren
  ins Reich der Toten.
19 Jeder Mund, der lügt, soll sich schließen,
  der Mund, der frech gegen den Gerechten redet,
  hochmütig und verächtlich.

31,11c im Elend: Text korr. nach G und S; H: in meiner Schuld.
31,12b Text korr.

²⁰ Wie groß ist deine Güte, Herr,
    die du bereithältst für alle,
    die dich fürchten und ehren;
  du erweist sie allen,
    die sich vor den Menschen zu dir flüchten.
²¹ Du beschirmst sie im Schutz deines Angesichts
    vor dem Toben der Menschen.
  Wie unter einem Dach bewahrst du sie
    vor dem Gezänk der Zungen.
²² Gepriesen sei der Herr,
  der wunderbar an mir gehandelt
    und mir seine Güte erwiesen hat
    zur Zeit der Bedrängnis.
²³ Ich aber dachte in meiner Angst:
    Ich bin aus deiner Nähe verstoßen.
  Doch du hast mein lautes Flehen gehört,
    als ich zu dir um Hilfe rief.
²⁴ Liebt den Herrn, all seine Frommen! /
  Seine Getreuen behütet der Herr,
    doch den Hochmütigen vergilt er ihr Tun
    mit vollem Maß.
²⁵ Euer Herz sei stark und unverzagt,
    ihr alle, die ihr wartet auf den Herrn.

Freude über die Vergebung

32 [Von David. Ein Weisheitslied.]
Wohl dem, dessen Frevel vergeben
    und dessen Sünde bedeckt ist.

31,20 Herr: ergänzt nach G.
31,22c zur Zeit der Bedrängnis: Text korr.; H: in der befestigten Stadt.

2 Wohl dem Menschen, dem der Herr
  die Schuld nicht zur Last legt
        und dessen Herz keine Falschheit kennt.

3 Solang' ich es verschwieg, waren meine
  Glieder matt,
        den ganzen Tag mußte ich stöhnen.
4 Denn deine Hand lag schwer auf mir
  bei Tag und bei Nacht;
        meine Lebenskraft war verdorrt
        wie durch die Glut des Sommers. [Sela]
5 Da bekannte ich dir meine Sünde
        und verbarg nicht länger meine Schuld vor dir.
  Ich sagte: Ich will dem Herrn meine Frevel
  bekennen.
        Und du hast mir die Schuld vergeben. [Sela]
6 Darum soll jeder Fromme in der Not
  zu dir beten;
        fluten hohe Wasser heran,
        ihn werden sie nicht erreichen.
7 Du bist mein Schutz, bewahrst mich vor Not;
        du rettest mich und hüllst mich in Jubel. [Sela]

8 »Ich unterweise dich und zeige dir den Weg,
  den du gehen sollst.
        Ich will dir raten; über dir wacht mein Auge.«
9 Werdet nicht wie Roß und Maultier,
        die ohne Verstand sind.

32,4b Text korr.
32,6a Text korr.; H ist verderbt.

Mit Zaum und Zügel
 muß man ihr Ungestüm bändigen,
  sonst folgen sie dir nicht.
[10] Der Frevler leidet viele Schmerzen,
 doch wer dem Herrn vertraut,
  den wird er mit seiner Huld umgeben.

[11] Freut euch am Herrn und jauchzt, ihr Gerechten,
 jubelt alle, ihr Menschen mit redlichem Herzen!

Ein Loblied auf den mächtigen und gütigen Gott

33 Ihr Gerechten, jubelt vor dem Herrn;
 für die Frommen ziemt es sich, Gott zu loben.
[2] Preist den Herrn mit der Zither,
 spielt für ihn auf der zehnsaitigen Harfe!
[3] Singt ihm ein neues Lied,
 greift voll in die Saiten und jubelt laut!

[4] Denn das Wort des Herrn ist wahrhaftig,
 all sein Tun ist verläßlich.
[5] Er liebt Gerechtigkeit und Recht,
 die Erde ist erfüllt von der Huld des Herrn.

[6] Durch das Wort des Herrn
 wurden die Himmel geschaffen,
  ihr ganzes Heer durch den Hauch seines Mundes.
[7] Wie in einem Schlauch
 faßt er das Wasser des Meeres,
  verschließt die Urflut in Kammern.

33,7a Text korr. nach G, Vg und der aramäischen Übersetzung.

⁸ Alle Welt fürchte den Herrn;
    vor ihm sollen alle beben,
    die den Erdkreis bewohnen.
⁹ Denn der Herr sprach, und sogleich geschah es;
    er gebot, und alles war da.

¹⁰ Der Herr vereitelt die Beschlüsse der Heiden,
    er macht die Pläne der Völker zunichte.
¹¹ Der Ratschluß des Herrn bleibt ewig bestehen,
    die Pläne seines Herzens überdauern die Zeiten.
¹² Wohl dem Volk, dessen Gott der Herr ist,
    der Nation, die er sich zum Erbteil erwählt hat.

¹³ Der Herr blickt herab vom Himmel,
    er sieht auf alle Menschen.
¹⁴ Von seinem Thronsitz schaut er nieder
    auf alle Bewohner der Erde.
¹⁵ Der ihre Herzen gebildet hat,
    er achtet auf all ihre Taten.
¹⁶ Dem König hilft nicht sein starkes Heer,
    der Held rettet sich nicht durch große Stärke.
¹⁷ Nichts nützen die Rosse zum Sieg,
    mit all ihrer Kraft können sie niemand retten.
¹⁸ Doch das Auge des Herrn ruht auf allen,
    die ihn fürchten und ehren,
        die nach seiner Güte ausschaun;
¹⁹ denn er will sie dem Tod entreißen
    und in der Hungersnot ihr Leben erhalten.

²⁰ Unsre Seele hofft auf den Herrn;
    er ist für uns Schild und Hilfe.

²¹ Ja, an ihm freut sich unser Herz,
  wir vertrauen auf seinen heiligen Namen.
²² Laß deine Güte über uns walten, o Herr,
  denn wir schauen aus nach dir.

Unter Gottes Schutz

34 [Von David, als er sich vor Abimelech
wahnsinnig stellte und dieser ihn fortjagte
und er ging.]
² Ich will den Herrn allezeit preisen;
  immer sei sein Lob in meinem Mund.
³ Meine Seele rühme sich des Herrn;
  die Armen sollen es hören und sich freuen.
⁴ Verherrlicht mit mir den Herrn,
  laßt uns gemeinsam seinen Namen rühmen.
⁵ Ich suchte den Herrn, und er hat mich erhört,
  er hat mich all meinen Ängsten entrissen.
⁶ Blickt auf zu ihm, so wird euer Gesicht leuchten,
  und ihr braucht nicht zu erröten.

⁷ Da ist ein Armer; er rief, und der Herr erhörte ihn.
  Er half ihm aus all seinen Nöten.
⁸ Der Engel des Herrn umschirmt alle,
  die ihn fürchten und ehren,
    und er befreit sie.
⁹ Kostet und seht, wie gütig der Herr ist;
  wohl dem, der zu ihm sich flüchtet!

34,6a euer Gesicht: Text korr.; H: ihr Gesicht.

¹⁰ Fürchtet den Herrn, ihr seine Heiligen;
      denn wer ihn fürchtet, leidet keinen Mangel.
¹¹ Reiche müssen darben und hungern;
      wer aber den Herrn sucht,
      braucht kein Gut zu entbehren.

¹² Kommt, ihr Kinder, hört mir zu!
      Ich will euch in der Furcht des Herrn
      unterweisen.
¹³ Wer ist der Mensch, der das Leben liebt
      und gute Tage zu sehen wünscht?
¹⁴ Bewahre deine Zunge vor Bösem
      und deine Lippen vor falscher Rede!
¹⁵ Meide das Böse, und tu das Gute;
      suche Frieden, und jage ihm nach!

¹⁶ Die Augen des Herrn blicken auf die Gerechten,
      seine Ohren hören ihr Schreien.
¹⁷ Das Antlitz des Herrn richtet sich gegen die Bösen,
      um ihr Andenken von der Erde zu tilgen.
¹⁸ Schreien die Gerechten, so hört sie der Herr;
      er entreißt sie all ihren Ängsten.
¹⁹ Nahe ist der Herr den zerbrochenen Herzen,
      er hilft denen auf, die zerknirscht sind.

²⁰ Der Gerechte muß viel leiden,
      doch allem wird der Herr ihn entreißen.
²¹ Er behütet all seine Glieder,
      nicht eines von ihnen wird zerbrochen.

34,11a Reiche: Text korr. nach G und S; H: junge Löwen.
34,18a die Gerechten: ergänzt nach G, S und der aramäischen Übersetzung.

²² Den Frevler wird seine Bosheit töten;
     wer den Gerechten haßt, muß es büßen.
²³ Der Herr erlöst seine Knechte;
     straflos bleibt, wer zu ihm sich flüchtet.

    Bitte um Rettung vor falschen Anklägern

35 [Von David.]
    Streite, Herr, gegen alle,
  die gegen mich streiten,
     bekämpfe alle, die mich bekämpfen!
² Ergreife Schild und Waffen;
     steh auf, um mir zu helfen!
³ Schwing den Speer und die Lanze
  gegen meine Verfolger!
     Sag zu mir: »Ich bin deine Hilfe.«

⁴ In Schmach und Schande sollen alle fallen,
     die mir nach dem Leben trachten.
  Zurückweichen sollen sie und vor Scham erröten,
     die auf mein Unglück sinnen.
⁵ Sie sollen werden wie Spreu vor dem Wind;
     der Engel des Herrn stoße sie fort.
⁶ Ihr Weg soll finster und schlüpfrig sein;
     der Engel des Herrn verfolge sie.
⁷ Denn sie haben mir ohne Grund ein Netz gelegt,
     mir ohne Grund eine Grube gegraben.
⁸ Unvermutet ereile ihn das Verderben; /
  er fange sich selbst in seinem Netz,
     er falle in die eigene Grube.

35,8c Wörtlich: er falle hinein zum Verderben.

⁹ Meine Seele aber wird jubeln über den Herrn
   und sich über seine Hilfe freuen.
¹⁰ Mit Leib und Seele will ich sagen:
     Herr, wer ist wie du?
   Du entreißt den Schwachen dem, der stärker ist,
      den Schwachen und Armen dem,
      der ihn ausraubt.
¹¹ Da treten ruchlose Zeugen auf.
     Man wirft mir Dinge vor,
     von denen ich nichts weiß.
¹² Sie vergelten mir Gutes mit Bösem;
     ich bin verlassen und einsam.
¹³ Ich aber zog ein Bußkleid an, als sie erkrankten, /
   und quälte mich ab mit Fasten.
     Nun kehre mein Gebet zurück in meine Brust.
¹⁴ Als wäre es ein Freund oder ein Bruder,
     so ging ich betrübt umher,
   wie man Leid trägt um die Mutter,
     trauernd und tief gebeugt.
¹⁵ Doch als ich stürzte, lachten sie
     und taten sich zusammen.
   Sie taten sich gegen mich zusammen
     wie Fremde, die ich nicht kenne.
   Sie hören nicht auf, mich zu schmähen; /
¹⁶ sie verhöhnen und verspotten mich,
     knirschen gegen mich mit den Zähnen.

35,10a Wörtlich: Alle meine Knochen sollen sagen.
35,12b ich bin . . . einsam, wörtlich: Kinderlosigkeit meiner Seele.
35,15de H ist unverständlich.
35,16 Text korr.

¹⁷ Herr, wie lange noch wirst du das ansehn? /
  Rette mein Leben vor den wilden Tieren,
    mein einziges Gut vor den Löwen!
¹⁸ Ich will dir danken in großer Gemeinde,
    vor zahlreichem Volk dich preisen.
¹⁹ Über mich sollen die sich nicht freuen,
    die mich ohne Grund befeinden.
  Sie sollen nicht mit den Augen zwinkern,
    die mich grundlos hassen.
²⁰ Denn was sie reden, dient nicht dem Frieden;
    gegen die Stillen im Land
    ersinnen sie listige Pläne.
²¹ Sie reißen den Mund gegen mich auf und sagen:
    »Dir geschieht recht.
    Jetzt sehen wir's mit eigenen Augen.«

²² Du hast es gesehen, Herr. So schweig doch nicht!
    Herr, bleib mir nicht fern!
²³ Wach auf, tritt ein für mein Recht,
    verteidige mich, mein Gott und mein Herr!
²⁴ Verschaff mir Recht nach deiner Gerechtigkeit,
  Herr, mein Gott!
    Sie sollen sich über mich nicht freuen.
²⁵ Laß sie nicht denken: »Recht so! Das freut uns.«
    Sie sollen nicht sagen:
    »Wir haben ihn verschlungen.«
²⁶ In Schmach und Schande sollen alle fallen,
    die sich über mein Unglück freuen,
  in Schimpf und Schande sich kleiden,
    die gegen mich prahlen.

²⁷ Alle sollen sich freuen und jubeln,
　　die wünschen, daß ich im Recht bin.
　Sie sollen jederzeit sagen: »Groß ist der Herr,
　　er will das Heil seines Knechtes.«
²⁸ Meine Zunge soll deine Gerechtigkeit verkünden,
　　dein Lob alle Tage.

Gott, die Quelle des Lebens

36 [Für den Chormeister. Von David,
dem Knecht des Herrn.]

² Der Frevler spricht: »Ich bin entschlossen
zum Bösen.«
　　In seinen Augen gibt es kein Erschrecken
　　vor Gott.
³ Er gefällt sich darin,
　　sich schuldig zu machen und zu hassen.
⁴ Die Worte seines Mundes sind Trug und Unheil;
　　er hat es aufgegeben, weise und gut zu handeln.
⁵ Unheil plant er auf seinem Lager, /
　er betritt schlimme Wege
　　und scheut nicht das Böse.

⁶ Herr, deine Güte reicht, so weit der Himmel ist,
　　deine Treue, so weit die Wolken ziehn.
⁷ Deine Gerechtigkeit steht wie die Berge Gottes,
　　deine Urteile sind tief wie das Meer.
　Herr, du hilfst Menschen und Tieren.

36,2a Text korr. nach G.

⁸ Gott, wie köstlich ist deine Huld!
Die Menschen bergen sich
im Schatten deiner Flügel, /
⁹ sie laben sich am Reichtum deines Hauses;
du tränkst sie mit dem Strom deiner Wonnen.
¹⁰ Denn bei dir ist die Quelle des Lebens,
in deinem Licht schauen wir das Licht.

¹¹ Erhalte denen, die dich kennen, deine Huld
und deine Gerechtigkeit
den Menschen mit redlichem Herzen!
¹² Laß mich nicht kommen unter den Fuß der
Stolzen;
die Hand der Frevler soll mich nicht vertreiben.
¹³ Dann brechen die Bösen zusammen,
sie werden niedergestoßen
und können nie wieder aufstehn.

Gott, der Anwalt der Guten

37 [Von David.]
Errege dich nicht über die Bösen,
wegen der Übeltäter ereifere dich nicht!
² Denn sie verwelken schnell wie das Gras,
wie grünes Kraut verdorren sie.
³ Vertrau auf den Herrn und tu das Gute,
bleib wohnen im Land und bewahre Treue!
⁴ Freu dich innig am Herrn!
Dann gibt er dir, was dein Herz begehrt.
⁵ Befiehl dem Herrn deinen Weg und vertrau ihm;
er wird es fügen.

⁶ Er bringt deine Gerechtigkeit heraus wie das Licht
und dein Recht so hell wie den Mittag.

⁷ Sei still vor dem Herrn und harre auf ihn! /
Erhitze dich nicht über den Mann,
dem alles gelingt,
den Mann, der auf Ränke sinnt.
⁸ Steh ab vom Zorn und laß den Grimm;
erhitze dich nicht, es führt nur zu Bösem.
⁹ Denn die Bösen werden ausgetilgt;
die aber auf den Herrn hoffen,
werden das Land besitzen.
¹⁰ Eine Weile noch, und der Frevler ist nicht mehr da;
schaust du nach seiner Wohnung –
sie ist nicht mehr zu finden.
¹¹ Doch die Armen werden das Land bekommen,
sie werden Glück in Fülle genießen.

¹² Der Frevler sinnt auf Ränke gegen den Gerechten
und knirscht gegen ihn mit den Zähnen.
¹³ Der Herr verlacht ihn,
denn er sieht, daß sein Tag kommt.
¹⁴ Die Frevler zücken das Schwert
und spannen ihren Bogen;
sie wollen den Schwachen und Armen fällen
und alle hinschlachten,
die den rechten Weg gehn.
¹⁵ Ihr Schwert dringe in ihr eigenes Herz,
und ihre Bogen sollen zerbrechen.

_____

37,7b dem alles gelingt, wörtlich: dem sein Weg gelingt.

¹⁶ Besser das Wenige, das der Gerechte besitzt,
   als der Überfluß vieler Frevler.
¹⁷ Denn die Arme der Frevler werden zerschmettert,
   doch die Gerechten stützt der Herr.
¹⁸ Der Herr kennt die Tage der Bewährten,
   ihr Erbe hat ewig Bestand.
¹⁹ In bösen Zeiten werden sie nicht zuschanden,
   sie werden satt in den Tagen des Hungers.
²⁰ Doch die Frevler gehen zugrunde, /
   die Feinde des Herrn sind wie die Pracht der Auen:
      Sie schwinden dahin, wie Rauch schwinden
      sie hin.

²¹ Der Frevler muß borgen und kann nicht bezahlen,
   doch freigebig schenkt der Gerechte.
²² Denn wen der Herr segnet,
   der wird das Land besitzen,
      aber wen er verflucht, der wird ausgetilgt.
²³ Der Herr festigt die Schritte des Mannes,
   er hat Gefallen an seinem Weg.
²⁴ Auch wenn er strauchelt, stürzt er nicht hin;
   denn der Herr hält ihn fest an der Hand.

²⁵ Einst war ich jung, nun bin ich alt, /
   nie sah ich einen Gerechten verlassen
      noch seine Kinder betteln um Brot.
²⁶ Allzeit ist er mildtätig, gern leiht er aus,
   seine Kinder werden zum Segen.
²⁷ Meide das Böse und tu das Gute,
   so bleibst du wohnen für immer.

[28] Denn der Herr liebt das Recht
    und verläßt seine Frommen nicht.
  Doch das Geschlecht der Frevler wird ausgetilgt,
    sie werden für immer vernichtet.
[29] Die Gerechten werden das Land besitzen
    und darin wohnen für alle Zeiten.

[30] Der Mund des Gerechten
  bewegt Worte der Weisheit,
    und seine Zunge redet, was recht ist.
[31] Er hat die Weisung seines Gottes im Herzen,
    seine Schritte wanken nicht.
[32] Der Frevler belauert den Gerechten
    und sucht ihn zu töten.
[33] Der Herr überläßt ihn nicht seiner Hand,
    läßt nicht zu, daß man ihn vor Gericht
    verurteilt.
[34] Hoffe auf den Herrn
    und bleib auf seinem Weg!
  Er wird dich erhöhen zum Erben des Landes;
    du wirst sehen, wie der Frevler vernichtet wird.

[35] Ich sah einen Frevler, bereit zu Gewalttat;
    er reckte sich hoch wie eine grünende Zeder.
[36] Wieder ging ich vorüber,
  und er war nicht mehr da;
    ich suchte ihn, doch er war nicht zu finden.

37,28cd sinngemäß umgestellt; Text korr.; H: sie werden für immer
bewahrt.
  37,35b Text korr.; H: und er entwickelte sich wie eine lebenskräf-
tige Pflanze.
  37,36a Text korr. nach G, S und Hieronymus; H: ging er vorüber.

³⁷ Achte auf den Frommen
   und schau auf den Redlichen!
      Denn Zukunft hat der Mann des Friedens.
³⁸ Die Sünder aber werden alle zusammen vernichtet;
      die Zukunft der Frevler ist Untergang.
³⁹ Die Rettung der Gerechten kommt vom Herrn,
      er ist ihre Zuflucht in Zeiten der Not.
⁴⁰ Der Herr hilft ihnen und rettet sie,
      er rettet sie vor den Frevlern;
   er schenkt ihnen Heil,
      denn sie suchen Zuflucht bei ihm.

Die Klage eines Kranken

38 [Ein Psalm Davids. Zum Weihrauchopfer.]
   ² Herr, strafe mich nicht in deinem Zorn,
      und züchtige mich nicht in deinem Grimm!
³ Denn deine Pfeile haben mich getroffen,
      deine Hand lastet schwer auf mir.

⁴ Nichts blieb gesund an meinem Leib,
   weil du mir grollst,
      weil ich gesündigt, blieb an meinen Gliedern
   nichts heil.
⁵ Denn meine Sünden schlagen mir
   über dem Kopf zusammen,
      sie erdrücken mich wie eine schwere Last.
⁶ Mir schwären, mir eitern die Wunden
      wegen meiner Torheit.
⁷ Ich bin gekrümmt und tief gebeugt,
      den ganzen Tag geh' ich traurig einher.

⁸ Denn meine Lenden sind voller Brand,
     nichts blieb gesund an meinem Leib.
⁹ Kraftlos bin ich und ganz zerschlagen,
     ich schreie in der Qual meines Herzens.
¹⁰ All mein Sehnen, Herr, liegt offen vor dir,
     mein Seufzen ist dir nicht verborgen.
¹¹ Mein Herz pocht heftig,
   mich hat die Kraft verlassen,
     geschwunden ist mir das Licht der Augen.

¹² Freunde und Gefährten bleiben mir fern
   in meinem Unglück,
     und meine Nächsten meiden mich.
¹³ Die mir nach dem Leben trachten,
   legen mir Schlingen; /
   die mein Unheil suchen, planen Verderben,
     den ganzen Tag haben sie Arglist im Sinn.
¹⁴ Ich bin wie ein Tauber, der nicht hört,
     wie ein Stummer, der den Mund nicht auftut.
¹⁵ Ich bin wie einer, der nicht mehr hören kann,
     aus dessen Mund keine Entgegnung kommt.

¹⁶ Doch auf dich, Herr, harre ich;
     du wirst mich erhören, Herr, mein Gott.
¹⁷ Denn ich sage: Über mich sollen
   die sich nicht freuen,
     die gegen mich prahlen,
     wenn meine Füße straucheln.

38,11 Der sinnstörende Einschub »auch sie« in H, der nach »Licht der Augen« steht, bleibt, wie in einigen G–Handschriften und S, unübersetzt.

¹⁸ Ich bin dem Fallen nahe,
      mein Leid steht mir immer vor Augen.
¹⁹ Ja, ich bekenne meine Schuld,
      ich bin wegen meiner Sünde in Angst.
²⁰ Die mich ohne Grund befehden, sind stark;
      viele hassen mich wegen nichts.
²¹ Sie vergelten mir Gutes mit Bösem,
      sie sind mir feind; denn ich trachte
      nach dem Guten.

²² Herr, verlaß mich nicht,
    bleib mir nicht fern, mein Gott!
²³   Eile mir zu Hilfe, Herr, du mein Heil!

Die Not des vergänglichen Menschen

39 [Für den Chormeister. Von Jedutun.
        Ein Psalm Davids.]
² Ich sagte: Ich will auf meine Wege achten,
      damit ich nicht sündige mit meiner Zunge.
    Ich lege meinem Mund einen Zaum an,
      solange der Frevler vor mir steht.
³ So blieb ich stumm und still; /
    ich schwieg, vom Glück verlassen,
      doch mein Schmerz war aufgerührt.
⁴ Heiß wurde mir das Herz in der Brust, /
    bei meinem Grübeln entbrannte ein Feuer;
      da mußte ich reden:
⁵ Herr, tu mir mein Ende kund
    und die Zahl meiner Tage!

38,20a Text korr.

Laß mich erkennen, wie sehr ich
vergänglich bin!
6 Du machtest meine Tage nur eine Spanne lang, /
meine Lebenszeit ist vor dir wie ein Nichts.
Ein Hauch nur ist jeder Mensch. [Sela]

7 Nur wie ein Schatten geht der Mensch einher, /
um ein Nichts macht er Lärm.
Er rafft zusammen und weiß nicht,
wer es einheimst.
8 Und nun, Herr, worauf soll ich hoffen?
Auf dich allein will ich harren.
9 Entreiß mich allen, die mir Unrecht tun,
und überlaß mich nicht dem Spott der Toren!
10 Ich bin verstummt,
ich tue den Mund nicht mehr auf.
Denn so hast du es gefügt.
11 Nimm deine Plage weg von mir!
Unter der Wucht deiner Hand vergehe ich.
12 Du strafst und züchtigst den Mann
wegen seiner Schuld, /
du zerstörst seine Anmut wie Motten das Kleid,
ein Hauch nur ist jeder Mensch. [Sela]

13 Hör mein Gebet, Herr, vernimm mein Schreien,
schweig nicht zu meinen Tränen!
Denn ich bin nur ein Gast bei dir,
ein Fremdling wie all meine Väter.
14 Wende dein strafendes Auge ab von mir, /

39,14a Text korr.; H ist unverständlich.

so daß ich heiter blicken kann,
  bevor ich dahinfahre und nicht mehr da bin.

Dank, Hingabe und Bitte

40 [Für den Chormeister. Ein Psalm Davids.]
  ² Ich hoffte, ja ich hoffte auf den Herrn.
  Da neigte er sich mir zu und hörte mein Schreien.
³ Er zog mich herauf aus der Grube des Grauens,
  aus Schlamm und Morast.
Er stellte meine Füße auf den Fels,
  machte fest meine Schritte.
⁴ Er legte mir ein neues Lied in den Mund,
  einen Lobgesang auf ihn, unsern Gott.
Viele werden es sehen, sich in Ehrfurcht neigen
  und auf den Herrn vertrauen.

⁵ Wohl dem Mann, der auf den Herrn
sein Vertrauen setzt,
  sich nicht zu den Stolzen hält
  noch zu treulosen Lügnern.
⁶ Zahlreich sind die Wunder, die du getan hast, /
und deine Pläne mit uns;
  Herr, mein Gott, nichts kommt dir gleich.
Wollte ich von ihnen künden und reden,
  es wären mehr, als man zählen kann.

⁷ An Schlacht- und Speiseopfern
hast du kein Gefallen,
  Brand- und Sündopfer forderst du nicht.
Doch das Gehör hast du mir eingepflanzt; /

⁸ darum sage ich: Ja, ich komme.
   In dieser Schriftrolle steht,
      was an mir geschehen ist.
⁹ Deinen Willen zu tun, mein Gott,
  macht mir Freude,
      deine Weisung trag' ich im Herzen.
¹⁰ Gerechtigkeit verkünde ich in großer Gemeinde,
      meine Lippen verschließe ich nicht;
         Herr, du weißt es.
¹¹ Deine Gerechtigkeit verberge ich nicht im Herzen,
      ich spreche von deiner Treue und Hilfe,
  ich schweige nicht über deine Huld und Wahrheit
      vor der großen Gemeinde.

¹² Du, Herr, verschließ mir nicht dein Erbarmen,
      deine Huld und Wahrheit mögen mich
         immer behüten!

¹³ Denn Leiden ohne Zahl umfangen mich, /
  meine Sünden holen mich ein,
      ich vermag nicht mehr aufzusehn.
  Zahlreicher sind sie als die Haare
  auf meinem Kopf,
      der Mut hat mich ganz verlassen.
¹⁴ Gewähre mir die Gunst, Herr,
  und reiß mich heraus;
      Herr, eile mir zu Hilfe!

¹⁵ In Schmach und Schande sollen alle fallen,
      die mir nach dem Leben trachten.

―――――――
40,15b Text korr. nach 70,3; H fügt hinzu: um es hinwegzuraffen.

Zurückweichen sollen sie und vor Scham erröten,
  die sich über mein Unglück freuen.
¹⁶ Vor Schande sollen alle schaudern,
  die zu mir sagen: »Dir geschieht recht.«
¹⁷ Alle, die dich suchen, frohlocken;
  sie mögen sich freuen in dir.
Die dein Heil lieben, sollen immer sagen:
  Groß ist Gott, der Herr.

¹⁸ Ich bin arm und gebeugt;
  der Herr aber sorgt für mich.
Meine Hilfe und mein Retter bist du.
  Mein Gott, säume doch nicht!

Das Gebet eines Kranken und Verfolgten

41 [Für den Chormeister. Ein Psalm Davids.]
  ² Wohl dem, der sich des Schwachen annimmt;
  zur Zeit des Unheils wird der Herr ihn retten.
³ Ihn wird der Herr behüten
  und am Leben erhalten.
Man preist ihn glücklich im Land.
  Gib ihn nicht seinen gierigen Feinden preis!
⁴ Auf dem Krankenbett wird der Herr ihn stärken;
  seine Krankheit verwandelst du in Kraft.

⁵ Ich sagte: Herr, sei mir gnädig,
  heile mich; denn ich habe gegen dich gesündigt.
⁶ Meine Feinde reden böse über mich:
  »Wann stirbt er endlich,
  und wann vergeht sein Name?«

7 Besucht mich jemand,
   so kommen seine Worte aus falschem Herzen.
 Er häuft in sich Bosheit an,
   dann geht er hinaus und redet.
8 Im Haß gegen mich sind sich alle einig;
   sie tuscheln über mich und sinnen auf Unheil:
9 »Verderben hat sich über ihn ergossen;
   wer einmal daliegt, steht nicht mehr auf.«
10 Auch mein Freund, dem ich vertraute,
   der mein Brot aß, hat gegen mich geprahlt.

11 Du aber, Herr, sei mir gnädig;
   richte mich auf, damit ich ihnen
   vergelten kann.
12 Daran erkenne ich, daß du an mir Gefallen hast:
   wenn mein Feind nicht über mich
   triumphieren darf.
13 Weil ich aufrichtig bin, hältst du mich fest
   und stellst mich vor dein Antlitz für immer.

14 Gepriesen sei der Herr, der Gott Israels,
   von Ewigkeit zu Ewigkeit. Amen, ja amen.

41,10b Text korr.

DAS ZWEITE BUCH

Sehnsucht nach dem lebendigen Gott

42 [Für den Chormeister.
Ein Weisheitslied der Korachiter.]

2 Wie der Hirsch lechzt nach frischem Wasser,
    so lechzt meine Seele, Gott, nach dir.
3 Meine Seele dürstet nach Gott,
    nach dem lebendigen Gott.
Wann darf ich kommen
    und Gottes Antlitz schauen?
4 Tränen waren mein Brot bei Tag und bei Nacht;
    denn man sagt zu mir den ganzen Tag:
    »Wo ist nun dein Gott?«
5 Das Herz geht mir über, wenn ich daran denke: /
wie ich zum Haus Gottes zog in festlicher Schar,
    mit Jubel und Dank in feiernder Menge.

6 Meine Seele, warum bist du betrübt
    und bist so unruhig in mir?
Harre auf Gott; denn ich werde ihm noch danken,
    meinem Gott und Retter, auf den ich schaue.

7 Betrübt ist meine Seele in mir,
darum denke ich an dich
    im Jordanland, am Hermon, am Mizar-Berg.

42,5b Übersetzung nicht ganz sicher.
42,6d Text korr.

⁸ Flut ruft der Flut zu beim Tosen deiner Wasser,
　　all deine Wellen und Wogen
　　gehen über mich hin.
⁹ Bei Tag schenke der Herr seine Huld;
　　ich singe ihm nachts und flehe
　　zum Gott meines Lebens.
¹⁰ Ich sage zu Gott, meinem Fels:
　　»Warum hast du mich vergessen?
　Warum muß ich trauernd umhergehen,
　　von meinem Feind bedrängt?«
¹¹ Wie ein Stechen in meinen Gliedern
　　ist für mich der Hohn der Bedränger;
　denn sie rufen mir ständig zu:
　　Wo ist nun dein Gott?

¹² Meine Seele, warum bist du betrübt
　　und bist so unruhig in mir?
　Harre auf Gott; denn ich werde ihm noch danken,
　　meinem Gott und Retter, auf den ich schaue.

43 Verschaff mir Recht, o Gott, /
　　und führe meine Sache
　gegen ein treuloses Volk!
　　Rette mich vor bösen und tückischen Menschen!
² Denn du bist mein starker Gott.
　　Warum hast du mich verstoßen?
　Warum muß ich trauernd umhergehen,
　　von meinem Feind bedrängt?

———————
42,12d Text korr.
43,1 Ps 42 und 43 bilden ein einziges Lied, wie der Kehrvers 42,6.12
und 43,5 zeigt.

³ Sende dein Licht und deine Wahrheit,
  damit sie mich leiten;
sie sollen mich führen zu deinem heiligen Berg
  und zu deiner Wohnung.
⁴ So will ich zum Altar Gottes treten,
zum Gott meiner Freude.
  Jauchzend will ich dich auf der Harfe loben,
  Gott, mein Gott.

⁵ Meine Seele, warum bist du betrübt
  und bist so unruhig in mir?
Harre auf Gott; denn ich werde ihm noch danken,
  meinem Gott und Retter, auf den ich schaue.

Klage in Kriegsnot

44 [Für den Chormeister.
Ein Weisheitslied der Korachiter.]
² Gott, wir hörten es mit eigenen Ohren,
  unsere Väter erzählten uns
von dem Werk, das du in ihren Tagen vollbracht hast,
  in den Tagen der Vorzeit.
³ Mit eigener Hand hast du Völker vertrieben,
  sie aber eingepflanzt.
Du hast Nationen zerschlagen,
  sie aber ausgesät.
⁴ Denn sie gewannen das Land
nicht mit ihrem Schwert,
  noch verschaffte ihr Arm ihnen den Sieg;

43,4b Text korr.; H: zum Gott der Freude meines Jubels.
43,5d Text korr. wie in 42,6d und 12d.

nein, deine Rechte war es,
dein Arm und dein leuchtendes Angesicht;
denn du hattest an ihnen Gefallen.

5 Du, mein König und mein Gott,
du bist es, der Jakob den Sieg verleiht.
6 Mit dir stoßen wir unsere Bedränger nieder,
in deinem Namen zertreten wir unsere Gegner.
7 Denn ich verlasse mich nicht auf meinen Bogen,
noch kann mein Schwert mir helfen;
8 nein, du hast uns vor unsern Bedrängern gerettet;
alle, die uns hassen, bedeckst du mit Schande.
9 Wir rühmen uns Gottes den ganzen Tag
und preisen deinen Namen auf ewig. [Sela]

10 Doch nun hast du uns verstoßen
und mit Schmach bedeckt,
du ziehst nicht mit unserm Heer in den Kampf.
11 Du läßt uns vor unsern Bedrängern fliehen,
und Menschen, die uns hassen, plündern uns aus.
12 Du gibst uns preis wie Schlachtvieh,
unter die Völker zerstreust du uns.
13 Du verkaufst dein Volk um ein Spottgeld
und hast an dem Erlös keinen Gewinn.
14 Du machst uns zum Schimpf für die Nachbarn,
zu Spott und Hohn bei allen,
die rings um uns wohnen.
15 Du machst uns zum Spottlied der Völker,
die Heiden zeigen uns nichts als Verachtung.

44,5a Text korr.

¹⁶ Meine Schmach steht mir allzeit vor Augen,
       und Scham bedeckt mein Gesicht
¹⁷ wegen der Worte des lästernden Spötters,
       wegen der rachgierigen Blicke des Feindes.

¹⁸ Das alles ist über uns gekommen, /
   und doch haben wir dich nicht vergessen,
       uns von deinem Bund nicht treulos abgewandt.
¹⁹ Unser Herz ist nicht von dir gewichen,
       noch hat unser Schritt deinen Pfad verlassen.
²⁰ Doch du hast uns verstoßen
   an den Ort der Schakale
       und uns bedeckt mit Finsternis.
²¹ Hätten wir den Namen unseres Gottes vergessen
       und zu einem fremden Gott die Hände erhoben,
²² würde Gott das nicht ergründen?
       Denn er kennt die heimlichen Gedanken
       des Herzens.
²³ Nein, um deinetwillen werden wir getötet
   Tag für Tag,
       behandelt wie Schafe,
       die man zum Schlachten bestimmt hat.

²⁴ Wach auf! Warum schläfst du, Herr?
       Erwache, verstoß nicht für immer!
²⁵ Warum verbirgst du dein Gesicht,
       vergißt unsere Not und Bedrängnis?
²⁶ Unsere Seele ist in den Staub hinabgebeugt,
       unser Leib liegt am Boden.

44,26b Wörtlich: klebt am Boden.

²⁷ Steh auf und hilf uns!
  In deiner Huld erlöse uns!

Ein Lied zur Hochzeit des Königs

45 [Für den Chormeister. Nach der Weise »Lilien«. Ein Weisheitslied der Korachiter. Ein Liebeslied.]

² Mein Herz fließt über von froher Kunde, /
  ich weihe mein Lied dem König.
    Meine Zunge gleicht dem Griffel
    des flinken Schreibers.

³ Du bist der Schönste von allen Menschen, /
  Anmut ist ausgegossen über deine Lippen;
    darum hat Gott dich für immer gesegnet.

⁴ Gürte, du Held, dein Schwert um die Hüfte,
    kleide dich in Hoheit und Herrlichkeit!

⁵ Zieh aus mit Glück,
  kämpfe für Wahrheit und Recht!
    Furchtgebietende Taten
    soll dein rechter Arm dich lehren.

⁶ Deine Pfeile sind scharf,
  dir unterliegen die Völker,
    die Feinde des Königs verlieren den Mut.

⁷ Dein Thron, du Göttlicher,
  steht für immer und ewig;
    das Zepter deiner Herrschaft
    ist ein gerechtes Zepter.

45,5a Text korr.; H: Kämpfe für die Sache der Wahrheit, der Armut und des Rechts!

⁸ Du liebst das Recht und haßt das Unrecht, /
   darum hat Gott, dein Gott, dich gesalbt
   mit dem Öl der Freude
         wie keinen deiner Gefährten.
⁹ Von Myrrhe, Aloë und Kassia
   duften all deine Gewänder,
         aus Elfenbeinhallen erfreut dich Saitenspiel.
¹⁰ Königstöchter gehen dir entgegen,
         die Braut steht dir zur Rechten
         im Schmuck von Ofirgold.

¹¹ Höre, Tochter, sieh her und neige dein Ohr,
         vergiß dein Volk und dein Vaterhaus!
¹² Der König verlangt nach deiner Schönheit;
         er ist ja dein Herr, verneig dich vor ihm!
¹³ Die Töchter von Tyrus kommen mit Gaben,
         deine Gunst begehren die Edlen des Volkes.
¹⁴ Die Königstochter ist herrlich geschmückt,
         ihr Gewand ist durchwirkt mit Gold
         und Perlen.
¹⁵ Man geleitet sie in buntgestickten Kleidern
   zum König, /
   Jungfrauen sind ihr Gefolge,
         ihre Freundinnen führt man zu dir.
¹⁶ Man geleitet sie mit Freude und Jubel,
         sie ziehen ein in den Palast des Königs.

¹⁷ An die Stelle deiner Väter treten einst deine Söhne;
         du bestellst sie zu Fürsten im ganzen Land.

45,10a Text korr.; H: Königstöchter unter deinen Kostbarkeiten.
45,13a Nach G.

¹⁸ Ich will deinen Namen rühmen
   von Geschlecht zu Geschlecht;
         darum werden die Völker dich preisen
         immer und ewig.

Gott, unsre Burg

46 [Für den Chormeister. Von den Korachitern.
Nach der Weise »Mädchen«. Ein Lied.]
² Gott ist uns Zuflucht und Stärke,
   ein bewährter Helfer in allen Nöten.
³ Darum fürchten wir uns nicht,
   wenn die Erde auch wankt,
         wenn Berge stürzen in die Tiefe des Meeres,
⁴ wenn seine Wasserwogen tosen und schäumen
         und vor seinem Ungestüm die Berge erzittern.
   Der Herr der Heerscharen ist mit uns,
         der Gott Jakobs ist unsre Burg. [Sela]

⁵ Die Wasser eines Stromes
   erquicken die Gottesstadt,
         des Höchsten heilige Wohnung.
⁶ Gott ist in ihrer Mitte,
   darum wird sie niemals wanken;
         Gott hilft ihr, wenn der Morgen anbricht.
⁷ Völker toben, Reiche wanken,
         es dröhnt sein Donner,
         da zerschmilzt die Erde.
⁸ Der Herr der Heerscharen ist mit uns,
         der Gott Jakobs ist unsre Burg. [Sela]

46,4cd Der Kehrvers von V. 8 und 12 wurde auch hier eingefügt.

⁹ Kommt und schaut die Taten des Herrn,
      der Furchtbares vollbringt auf der Erde.
¹⁰ Er setzt den Kriegen ein Ende
      bis an die Grenzen der Erde;
   er zerbricht die Bogen, zerschlägt die Lanzen,
      im Feuer verbrennt er die Schilde.
¹¹ »Laßt ab und erkennt, daß ich Gott bin,
      erhaben über die Völker, erhaben auf Erden.«
¹² Der Herr der Heerscharen ist mit uns,
      der Gott Jakobs ist unsre Burg. [Sela]

                 Gott, der König aller Völker

47   [Für den Chormeister.
      Ein Psalm der Korachiter.]
² Ihr Völker alle, klatscht in die Hände;
      jauchzt Gott zu mit lautem Jubel!
³ Denn furchtgebietend ist der Herr, der Höchste,
      ein großer König über die ganze Erde.
⁴ Er unterwirft uns Völker
      und zwingt Nationen unter unsre Füße.
⁵ Er wählt unser Erbland für uns aus,
      den Stolz Jakobs, den er liebt. [Sela]

⁶ Gott stieg empor unter Jubel,
      der Herr beim Schall der Hörner.
⁷ Singt unserm Gott, ja singt ihm!
      Spielt unserm König, spielt ihm!

46,10d Andere Übersetzungsmöglichkeit: verbrennt er die Wagen.
47,7a Nach G.

⁸ Denn Gott ist König der ganzen Erde.
 Spielt ihm ein Psalmenlied!
⁹ Gott wurde König über alle Völker,
 Gott sitzt auf seinem heiligen Thron.
¹⁰ Die Fürsten der Völker sind versammelt
 als Volk des Gottes Abrahams.
 Denn Gott gehören die Mächte der Erde;
 er ist hoch erhaben.

Die Stadt des großen Königs

48 [Ein Lied. Ein Psalm der Korachiter.]
 ² Groß ist der Herr und hoch zu preisen
 in der Stadt unseres Gottes.
³ Sein heiliger Berg ragt herrlich empor;
 er ist die Freude der ganzen Welt.
 Der Berg Zion liegt weit im Norden;
 er ist die Stadt des großen Königs.
⁴ Gott ist in ihren Häusern bekannt
 als ein sicherer Schutz.

⁵ Denn seht: Die Könige vereinten sich
 und zogen gemeinsam heran;
⁶ doch als sie aufsahen, erstarrten sie vor Schreck,
 sie waren bestürzt und liefen davon.
⁷ Dort packte sie das Zittern,
 wie die Wehen eine gebärende Frau,
⁸ Wie der Sturm vom Osten,
 der die Schiffe von Tarschisch zerschmettert.

47,9a Nach G.
47,10c die Mächte: Text korr.; H: die Schilde.

⁹ Wie wir's gehört hatten, so erlebten wir's jetzt
      in der Stadt des Herrn der Heere,
   in der Stadt unseres Gottes;
         Gott läßt sie ewig bestehen. [Sela]
¹⁰ Über deine Huld, o Gott, denken wir nach
      in deinem heiligen Tempel.
¹¹ Wie dein Name, Gott,
      so reicht dein Ruhm bis an die Enden der Erde;
         deine rechte Hand ist voll von Gerechtigkeit.

¹² Der Berg Zion freue sich,
      die Töchter Judas
         sollen über deine gerechten Urteile jubeln.
¹³ Umkreist den Zion,
      umschreitet ihn, zählt seine Türme!
¹⁴ Betrachtet seine Wälle, /
   geht in seinen Palästen umher,
         damit ihr dem kommenden Geschlecht
      erzählen könnt:
¹⁵ »Das ist Gott, unser Gott für immer und ewig.
      Er wird uns führen in Ewigkeit.«

Die Vergänglichkeit des Menschen

49 [Für den Chormeister.
Ein Psalm der Korachiter.]
² Hört dies an, ihr Völker alle,
      vernehmt es, alle Bewohner der Erde,
³ ihr Leute aus dem Volk und vom Adel,
      Reiche und Arme zusammen!

48,15b Nach G.

⁴ Mein Mund spreche weise Worte;
    was mein Herz ersinnt, sei voller Einsicht.
⁵ Ich wende mein Ohr einem Weisheitsspruch zu,
    ich enthülle mein Geheimnis beim Harfenspiel.

⁶ Warum soll ich mich in bösen Tagen fürchten,
    wenn mich der Frevel tückischer Feinde umgibt?
⁷ Sie verlassen sich ganz auf ihren Besitz
    und rühmen sich ihres großen Reichtums.
⁸ Loskaufen kann doch keiner den andern
    noch an Gott für ihn ein Sühnegeld zahlen
⁹ – für das Leben ist jeder Kaufpreis zu hoch;
    für immer muß man davon abstehn –,
¹⁰ damit er auf ewig weiterlebt
    und niemals das Grab schaut.
¹¹ Denn man sieht: Weise sterben; /
    genauso gehen Tor und Narr zugrunde,
        sie müssen andern ihren Reichtum lassen.
¹² Das Grab ist ihr Haus auf ewig; /
    ist ihre Wohnung für immer,
        ob sie auch Länder nach ihren Namen
        benannten.
¹³ Der Mensch bleibt nicht in seiner Pracht;
    er gleicht dem Vieh, das verstummt.

¹⁴ So geht es denen, die auf sich selbst vertrauen,
    und so ist das Ende derer,
        die sich in großen Worten gefallen. [Sela]

49,12a Das Grab: Text korr. nach G, S und der aramäischen Übersetzung; H: Ihr Inneres.

¹⁵ Der Tod führt sie auf seine Weide wie Schafe,
     sie stürzen hinab zur Unterwelt.
   Geradewegs sinken sie hinab in das Grab;
      ihre Gestalt zerfällt,
      die Unterwelt wird ihre Wohnstatt.
¹⁶ Doch Gott wird mich loskaufen
   aus dem Reich des Todes,
      ja, er nimmt mich auf. [Sela]

¹⁷ Laß dich nicht beirren, wenn einer reich wird
      und die Pracht seines Hauses sich mehrt;
¹⁸ denn im Tod nimmt er das alles nicht mit,
      seine Pracht steigt nicht mit ihm hinab.
¹⁹ Preist er sich im Leben auch glücklich
      und sagt zu sich:
      »Man lobt dich, weil du dir's wohl sein läßt«,
²⁰ so muß er doch zur Schar seiner Väter hinab,
      die das Licht nie mehr erblicken.
²¹ Der Mensch in Pracht, doch ohne Einsicht,
      er gleicht dem Vieh, das verstummt.

                  Der rechte Gottesdienst

50 [Ein Psalm Asafs.]
      Der Gott der Götter, der Herr, spricht, /
   er ruft der Erde zu
      vom Aufgang der Sonne bis zum Untergang.
 ² Vom Zion her, der Krone der Schönheit,
      geht Gott strahlend auf.

───────────

49,15 H ist stark verderbt.

³ Unser Gott kommt und schweigt nicht;
        Feuer frißt vor ihm her;
        um ihn stürmt es gewaltig.
⁴ Dem Himmel droben und der Erde ruft er zu,
        er werde sein Volk nun richten:
⁵ »Versammelt mir all meine Frommen,
        die den Bund mit mir schlossen beim Opfer.«
⁶ Die Himmel sollen seine Gerechtigkeit künden;
        Gott selbst wird Richter sein. [Sela]

⁷ »Höre, mein Volk, ich rede. /
    Israel, ich klage dich an,
        ich, der ich dein Gott bin.
⁸ Nicht wegen deiner Opfer rüge ich dich,
        deine Brandopfer sind mir immer vor Augen.
⁹ Doch nehme ich von dir Stiere nicht an
        noch Böcke aus deinen Hürden.
¹⁰ Denn mir gehört alles Getier des Waldes,
        das Wild auf den Bergen zu Tausenden.
¹¹ Ich kenne alle Vögel des Himmels,
        was sich regt auf dem Feld, ist mein eigen.
¹² Hätte ich Hunger, ich brauchte es dir nicht
    zu sagen,
        denn mein ist die Welt und was sie erfüllt.
¹³ Soll ich denn das Fleisch von Stieren essen
        und das Blut von Böcken trinken?
¹⁴ Bring Gott als Opfer dein Lob,
        und erfülle dem Höchsten deine Gelübde!

50,11a Text korr. nach G; H: die Vögel der Berge.

¹⁵ Rufe mich an am Tag der Not;
        dann rette ich dich, und du wirst mich ehren.«

¹⁶ Zum Frevler aber spricht Gott: /
        »Was zählst du meine Gebote auf
            und nimmst meinen Bund in deinen Mund?
¹⁷ Dabei ist Zucht dir verhaßt,
        meine Worte wirfst du hinter dich.
¹⁸ Siehst du einen Dieb, so läufst du mit,
        du machst dich mit Ehebrechern gemein.
¹⁹ Dein Mund redet böse Worte,
        und deine Zunge stiftet Betrug an.
²⁰ Von deinem Bruder redest du schändlich,
        auf den Sohn deiner Mutter
        häufst du Verleumdung.
²¹ Das hast du getan, und ich soll schweigen? /
        Meinst du, ich bin wie du?
            Ich halte es dir vor Augen und rüge dich.
²² Begreift es doch, ihr, die ihr Gott vergeßt!
        Sonst zerreiße ich euch,
            und niemand kann euch retten.
²³ Wer Opfer des Lobes bringt, ehrt mich;
        wer rechtschaffen lebt, dem zeig' ich mein Heil!«

Bitte um Vergebung und Neuschaffung

51 [Für den Chormeister. Ein Psalm Davids,
    ² als der Prophet Natan zu ihm kam,
nachdem sich David mit Batseba vergangen hatte.]

50,20a schändlich: Text korr.
50,23b Text korr.

³ Gott, sei mir gnädig nach deiner Huld,
    tilge meine Frevel nach deinem reichen
    Erbarmen!
⁴ Wasch meine Schuld von mir ab,
    und mach mich rein von meiner Sünde!
⁵ Denn ich erkenne meine bösen Taten,
    meine Sünde steht mir immer vor Augen.
⁶ Gegen dich allein habe ich gesündigt,
    ich habe getan, was dir mißfällt.
  So behältst du recht mit deinem Urteil,
    rein stehst du da als Richter.
⁷ Denn ich bin in Schuld geboren;
    in Sünde hat mich meine Mutter empfangen.

⁸ Lauterer Sinn im Verborgenen gefällt dir,
    im Geheimen lehrst du mich Weisheit.
⁹ Entsündige mich mit Ysop, dann werde ich rein;
    wasche mich, dann werde ich weißer als Schnee.
¹⁰ Sättige mich mit Entzücken und Freude!
    Jubeln sollen die Glieder,
    die du zerschlagen hast.
¹¹ Verbirg dein Gesicht vor meinen Sünden,
    tilge all meine Frevel!
¹² Erschaffe mir, Gott, ein reines Herz,
    und gib mir einen neuen, beständigen Geist!
¹³ Verwirf mich nicht von deinem Angesicht,
    und nimm deinen heiligen Geist nicht von mir!
¹⁴ Mach mich wieder froh mit deinem Heil;
    mit einem willigen Geist rüste mich aus!

51,10a Text korr.

¹⁵ Dann lehre ich Abtrünnige deine Wege,
    und die Sünder kehren um zu dir.
¹⁶ Befrei mich von Blutschuld, Herr,
   du Gott meines Heiles,
      dann wird meine Zunge jubeln
      über deine Gerechtigkeit.
¹⁷ Herr, öffne mir die Lippen,
    und mein Mund wird deinen Ruhm verkünden.
¹⁸ Schlachtopfer willst du nicht,
   ich würde sie dir geben;
      an Brandopfern hast du kein Gefallen.
¹⁹ Das Opfer, das Gott gefällt,
   ist ein zerknirschter Geist,
      ein zerbrochenes und zerschlagenes Herz
      wirst du, Gott, nicht verschmähen.

²⁰ In deiner Huld tu Gutes an Zion;
      bau die Mauern Jerusalems wieder auf!
²¹ Dann hast du Freude an rechten Opfern, /
   an Brandopfern und Ganzopfern,
      dann opfert man Stiere auf deinem Altar.

Die Überheblichkeit des Bösen –
das Vertrauen des Frommen

52 [Für den Chormeister. Ein Weisheitslied Davids, ² als der Edomiter Doëg zu Saul kam und ihm meldete: David ist in das Haus des Ahimelech gegangen.]

³ Was rühmst du dich deiner Bosheit,
  du Mann der Gewalt,
      was prahlst du allzeit vor dem Frommen?
⁴ Du Ränkeschmied, du planst Verderben;
      deine Zunge gleicht einem scharfen Messer.
⁵ Du liebst das Böse mehr als das Gute
      und Lüge mehr als wahrhaftige Rede. [Sela]
⁶ Du liebst lauter verderbliche Worte,
      du tückische Zunge.

⁷ Darum wird Gott dich verderben für immer, /
  dich packen und herausreißen aus deinem Zelt,
      dich entwurzeln aus dem Land
      der Lebenden. [Sela]
⁸ Gerechte werden es sehen und sich fürchten;
      sie werden über ihn lachen und sagen:
⁹ »Seht, das ist der Mann,
      der nicht zu Gott seine Zuflucht nahm;
  auf seinen großen Reichtum hat er sich verlassen
      und auf seinen Frevel gebaut.«

¹⁰ Ich aber bin im Haus Gottes
  wie ein grünender Ölbaum;
      auf Gottes Huld vertraue ich immer und ewig.
¹¹ Ich danke dir, Herr, in Ewigkeit;
      denn du hast das alles vollbracht.
  Ich hoffe auf deinen Namen im Kreis der Frommen;
      denn du bist gütig.

52,3bc Text korr. nach S; H erlaubt auch die Übersetzung: Was rühmst du dich, daß Gottes Huld allzeit (auf deiner Seite) ist.

Die Torheit der Gottesleugner

53 [Für den Chormeister. Nach der Weise »Krankheit«. Ein Weisheitslied Davids.]

² Die Toren sagen in ihrem Herzen:
»Es gibt keinen Gott.«
Sie handeln verwerflich und schnöde;
da ist keiner, der Gutes tut.

³ Gott blickt vom Himmel herab auf die Menschen,
ob noch ein Verständiger da ist, der Gott sucht.
⁴ Alle sind sie abtrünnig und verdorben,
keiner tut Gutes, auch nicht ein einziger.

⁵ Haben denn die Übeltäter keine Einsicht?
Sie verschlingen mein Volk.
Sie essen Gottes Brot,
doch seinen Namen rufen sie nicht an.
⁶ Es trifft sie Furcht und Schrecken,
obwohl doch nichts zu fürchten ist.
Deinen Bedrängern hat Gott
die Glieder zerschlagen.
Gott läßt sie scheitern,
denn er hat sie verworfen.

⁷ Ach käme doch vom Zion Hilfe für Israel! /
Wenn Gott einst das Geschick
seines Volkes wendet,
dann jubelt Jakob, dann freut sich Israel.

53,4a Text korr. nach G und der aramäischen Übersetzung; vgl. auch 14,3.
53,6cd Wörtlich: Gott zerstreut die Gebeine deines Belagerers.
53,6ef Text korr. nach G.

Hilferuf eines Bedrängten

54 [Für den Chormeister. Mit Saitenspiel. Ein Weisheitslied Davids, [2] als die Sifiter kamen und Saul meldeten: David hält sich bei uns verborgen.]

[3] Hilf mir, Gott, durch deinen Namen,
    verschaff mir Recht mit deiner Kraft!
[4] Gott, höre mein Flehen,
    vernimm die Worte meines Mundes!

[5] Denn es erheben sich gegen mich stolze Menschen, /
    freche Leute trachten mir nach dem Leben;
        sie haben Gott nicht vor Augen. [Sela]

[6] Doch Gott ist mein Helfer,
    der Herr beschützt mein Leben.
[7] Auf meine Gegner falle das Unheil zurück.
    Weil du treu bist, vernichte sie!

[8] Freudig bringe ich dir dann mein Opfer dar
    und lobe deinen Namen, Herr;
        denn du bist gütig.
[9] Der Herr hat mich herausgerissen
    aus all meiner Not,
        und mein Auge kann
        auf meine Feinde herabsehn.

Klage und Vertrauen eines Alleingelassenen

55 [Für den Chormeister. Mit Saitenspiel. Ein Weisheitslied Davids.]

54,5a stolze Menschen: Text korr.; H: Fremde.

² Vernimm, o Gott, mein Beten;
     verbirg dich nicht vor meinem Flehen!
³ Achte auf mich, und erhöre mich!
     Unstet schweife ich umher und klage.

⁴ Das Geschrei der Feinde macht mich verstört;
     mir ist angst, weil mich die Frevler bedrängen.
  Sie überhäufen mich mit Unheil
     und befehden mich voller Grimm.
⁵ Mir bebt das Herz in der Brust;
     mich überfielen die Schrecken des Todes.
⁶ Furcht und Zittern erfaßten mich;
     ich schauderte vor Entsetzen.

⁷ Da dachte ich: »Hätte ich doch Flügel
  wie eine Taube,
     dann flöge ich davon und käme zur Ruhe.«
⁸ Weit fort möchte ich fliehen,
     die Nacht verbringen in der Wüste. [Sela]
⁹ An einen sicheren Ort möchte ich eilen
     vor dem Wetter, vor dem tobenden Sturm.

¹⁰ Entzweie sie, Herr, verwirr ihre Sprache!
     Denn in der Stadt sehe ich
     Gewalttat und Hader.
¹¹ Auf ihren Mauern umschleicht man sie
  bei Tag und bei Nacht;
     sie ist voll Unheil und Mühsal.
¹² In ihr herrscht Verderben;

55,4c Wörtlich: Sie lassen Unheil auf mich herabfallen.

Betrug und Unterdrückung
weichen nicht von ihren Märkten.

¹³ Denn nicht mein Feind beschimpft mich,
das würde ich ertragen;
nicht ein Mann, der mich haßt,
tritt frech gegen mich auf,
vor ihm könnte ich mich verbergen.

¹⁴ Nein, du bist es, ein Mensch
aus meiner Umgebung,
mein Freund, mein Vertrauter,

¹⁵ mit dem ich, in Freundschaft verbunden,
zum Haus Gottes gepilgert bin
inmitten der Menge.

¹⁶ Der Tod soll sie überfallen, /
lebend sollen sie hinabfahren ins Totenreich.
Denn ihre Häuser und Herzen
sind voller Bosheit.

¹⁷ Ich aber, zu Gott will ich rufen,
der Herr wird mir helfen.

¹⁸ Am Abend, am Morgen, am Mittag
seufze ich und stöhne;
er hört mein Klagen.

¹⁹ Er befreit mich, bringt mein Leben
in Sicherheit /
vor denen, die gegen mich kämpfen,
wenn es auch viele sind,
die gegen mich angehen.

²⁰ Gott hört mich und beugt sie nieder,

55,19b H ist verderbt.

er, der als König thront seit Ewigkeit. [Sela]
Denn sie kehren nicht um
    und fürchten Gott nicht.

²¹ Der Feind legt Hand an Gottes Freunde,
    er entweiht Gottes Bund.
²² Glatt wie Butter sind seine Reden,
      doch in seinem Herzen sinnt er auf Streit;
  seine Worte sind linder als Öl
    und sind doch gezückte Schwerter.
²⁴ Du aber, Gott, wirst sie hinabstürzen
  in die tiefste Grube. /
  Gewalttätige und Betrüger erreichen nicht
  die Mitte ihres Lebens.
      Ich aber setze mein Vertrauen auf dich.
²³ Wirf deine Sorge auf den Herrn,
  er hält dich aufrecht!
      Er läßt den Gerechten niemals wanken.

Das Vertrauensbekenntnis eines Angefeindeten

56 [Für den Chormeister. Nach der Weise
»Stumme Taube der Ferne«. Ein Lied Davids.
Aus der Zeit, als die Philister ihn in Gat ergriffen.]
 ² Sei mir gnädig, Gott,
  denn Menschen stellen mir nach;
    meine Feinde bedrängen mich Tag für Tag.
 ³ Täglich stellen meine Gegner mir nach;
    ja, es sind viele,
    die mich voll Hochmut bekämpfen.

56,3bc Andere Übersetzungsmöglichkeit: ja, es sind viele, die mich
bekämpfen, Allerhöchster.

⁴ An dem Tag, da ich mich fürchten muß,
    setze ich auf dich mein Vertrauen.
⁵ Ich preise Gottes Wort. /
  Ich vertraue auf Gott und fürchte mich nicht.
    Was können Menschen mir antun?

⁶ Sie verdrehen meine Worte den ganzen Tag;
    auf mein Verderben geht ihr ganzes Sinnen.
⁷ Sie lauern und spähen und beobachten genau
  meine Schritte;
    denn sie trachten mir nach dem Leben.
⁸ Sie haben gefrevelt;
  es gibt für sie kein Entrinnen.
    In deinem Zorn, o Gott, wirf die Völker
    zu Boden!

⁹ Mein Elend ist aufgezeichnet bei dir. /
  Sammle meine Tränen in einem Krug,
    zeichne sie auf in deinem Buch!
¹⁰ Dann weichen die Feinde zurück
  an dem Tag, da ich rufe.
    Ich habe erkannt: Mir steht Gott zur Seite.
¹¹ Ich preise Gottes Wort,
    ich preise das Wort des Herrn.
¹² Ich vertraue auf Gott und fürchte mich nicht.
    Was können Menschen mir antun?

56,6a Wörtlich: Sie kränken meine Worte.
56,8b es gibt für sie kein Entrinnen: Text korr.; H: würden sie trotz
der Untat entkommen?
56,9c Wörtlich: sind sie nicht in deinem Buch?

¹³ Ich schulde dir die Erfüllung meiner Gelübde,
   o Gott;
       ich will dir Dankopfer weihen.
¹⁴ Denn du hast mein Leben dem Tod entrissen,
       meine Füße bewahrt vor dem Fall.
   So gehe ich vor Gott meinen Weg
       im Licht der Lebenden.

Geborgenheit im Schutz Gottes

57 [Für den Chormeister. Nach der Weise
»Zerstöre nicht!«. Ein Lied Davids,
als er vor Saul in die Höhle floh.]
 ² Sei mir gnädig, o Gott, sei mir gnädig;
       denn ich flüchte mich zu dir.
   Im Schatten deiner Flügel finde ich Zuflucht,
       bis das Unheil vorübergeht.
 ³ Ich rufe zu Gott, dem Höchsten,
       zu Gott, der mir beisteht.
 ⁴ Er sende mir Hilfe vom Himmel; /
   meine Feinde schmähen mich. [Sela]
       Gott sende seine Huld und Treue.

 ⁵ Ich muß mich mitten unter Löwen lagern,
       die gierig auf Menschen sind.
   Ihre Zähne sind Spieße und Pfeile,
       ein scharfes Schwert ihre Zunge.
 ⁷ Sie haben meinen Schritten ein Netz gelegt
       und meine Seele gebeugt.

57,7b sie haben . . . meine Seele gebeugt: Text korr. nach G; H hat
die Einzahl: er hat . . . gebeugt.

Sie haben mir eine Grube gegraben;
>   doch fielen sie selbst hinein. [Sela]
6 Erheb dich über die Himmel, o Gott!
>   Deine Herrlichkeit erscheine
>   über der ganzen Erde.

8 Mein Herz ist bereit, o Gott, /
mein Herz ist bereit,
>   ich will dir singen und spielen.
9 Wach auf, meine Seele! /
Wacht auf, Harfe und Saitenspiel!
>   Ich will das Morgenrot wecken.
10 Ich will dich vor den Völkern preisen, Herr,
>   dir vor den Nationen lobsingen.
11 Denn deine Güte reicht, so weit der Himmel ist,
>   deine Treue, so weit die Wolken ziehn.
12 Erheb dich über die Himmel, o Gott;
>   deine Herrlichkeit erscheine
>   über der ganzen Erde.

Gott, der gerechte Richter

58 [Für den Chormeister. Nach der Weise »Zerstöre nicht!«. Ein Lied Davids.]
2 Sprecht ihr wirklich Recht, ihr Mächtigen?
>   Richtet ihr die Menschen gerecht?
3 Nein, ihr schaltet im Land nach Willkür, /
euer Herz ist voll Bosheit;
>   eure Hände bahnen dem Unrecht den Weg.

58,2 Sinn nicht ganz klar.

⁴ Vom Mutterschoß an sind die Frevler treulos,
  von Geburt an irren sie vom Weg ab und lügen.
⁵ Ihr Gift ist wie das Gift der Schlange,
  wie das Gift der tauben Natter,
  die ihr Ohr verschließt,
⁶ die nicht auf die Stimme des Beschwörers hört,
  der sich auf Zaubersprüche versteht.

⁷ O Gott, zerbrich ihnen die Zähne im Mund!
  Zerschlage, Herr, das Gebiß der Löwen!
⁸ Sie sollen vergehen wie verrinnendes Wasser,
  wie Gras, das verwelkt auf dem Weg,
⁹ wie die Schnecke, die sich auflöst in Schleim;
  wie eine Fehlgeburt sollen sie die Sonne
  nicht schauen.
¹⁰ Ehe eure Töpfe das Feuer des Dornstrauchs spüren,
  fege Gott die Feinde hinweg,
  ob frisch, ob verdorrt.

¹¹ Wenn er die Vergeltung sieht,
  freut sich der Gerechte;
  er badet seine Füße im Blut des Frevlers.
¹² Dann sagen die Menschen:
  »Der Gerechte erhält seinen Lohn;
  es gibt einen Gott, der auf Erden Gericht hält.«

  Klage und Zuversicht eines Verfolgten

59 [Für den Chormeister. Nach der Weise
»Zerstöre nicht!«. Ein Lied Davids, als Saul

58,8b Text korr.
58,10b H ist unverständlich; »die Feinde« ist ergänzt.

hinschickte und man das Haus bewachte,
um ihn zu töten.]
2 Entreiß mich den Feinden, mein Gott,
     beschütze mich vor meinen Gegnern!
3 Entreiß mich denen, die Unrecht tun,
     rette mich vor den Mördern!
4 Sieh her: Sie lauern mir auf,
     Mächtige stellen mir nach.
 Ich aber habe keinen Frevel begangen
 und keine Sünde;
5   Herr, ich bin ohne Schuld.
 Sie stürmen vor und stellen sich auf.
     Wach auf, komm mir entgegen, sieh her!
6 Herr, du Gott der Heerscharen, Gott Israels, /
 werde wach, suche alle Völker heim!
     Sei keinem treulosen Frevler gnädig! [Sela]

7 Abend für Abend kommen sie wieder,
     sie kläffen wie Hunde, durchstreifen die Stadt.
8 Ja, sie geifern mit ihrem Maul.
     Die Schwerter zwischen ihren Lippen,
     wer nimmt sie wahr?
9 Du aber, Herr, verlachst sie;
     du spottest über alle Völker.

10 Meine Stärke, an dich will ich mich halten;
     denn du, Gott, bist meine Burg.
11 Mein huldreicher Gott kommt mir entgegen;
     Gott läßt mich herabsehen auf meine Gegner.

59,10a Text korr. nach G und der aramäischen Übersetzung.
59,10b Text korr. nach Hieronymus; H: denn Gott ist meine Burg.

¹² Töte sie nicht,
        damit mein Volk nicht vergißt.
    In deiner Kraft zerstreue sie,
        wirf sie nieder, Herr, unser Schild!
¹³ Wegen der Sünde ihres Mundes,
    wegen all ihrer Reden /
    sollen sie sich in ihrem Hochmut verfangen;
        denn sie fluchen und verbreiten nur Lügen.
¹⁴ Vernichte sie im Zorn,
        vernichte sie; sie sollen zugrundegehen.
    Sie sollen erkennen, daß Gott
    der Herrscher in Jakob ist
        und bis an das Ende der Erde. [Sela]

¹⁵ Abend für Abend kommen sie wieder,
        sie kläffen wie Hunde, durchstreifen die Stadt.
¹⁶ Sie streunen umher, gierig nach Fraß;
        werden sie nicht satt, dann knurren sie.

¹⁷ Ich aber will deine Macht besingen,
        will über deine Huld jubeln am Morgen.
    Denn du bist eine Burg für mich,
        bist meine Zuflucht am Tag der Not.
¹⁸ Meine Stärke, dir will ich singen und spielen;
        denn du, Gott, bist meine Burg,
        mein huldreicher Gott.

59,16b Das hebräische Zeitwort ist doppeldeutig: sie verbringen die
Nacht, oder: sie knurren.

Bitte um Hilfe nach einer Niederlage

60 [Für den Chormeister. Nach der Weise »Lilie des Zeugnisses«. Ein Lied Davids zum Lehren, ² als er mit den Aramäern Mesopotamiens und den Aramäern von Zoba kämpfte und als Joab umkehrte und die Edomiter im Salztal schlug, zwölftausend Mann.]

³ Du hast uns verworfen, o Gott, und zerschlagen.
   Du hast uns gezürnt. Richte uns wieder auf!
⁴ Erschüttert hast du das Land und gespalten.
   Heile seine Risse! Denn es kam ins Wanken.
⁵ Du hast dein Volk hart geprüft,
   du gabst uns betäubenden Wein zu trinken.
⁶ Für alle, die dich fürchten,
 hast du ein Zeichen aufgestellt,
   zu dem sie fliehen können vor dem Bogen.
   [Sela]
⁷ Hilf mit deiner Rechten, erhöre uns,
   damit die gerettet werden, die du so sehr liebst.

⁸ Gott hat in seinem Heiligtum gesprochen: /
 »Ich will triumphieren, will Sichem verteilen
   und das Tal von Sukkot vermessen.
⁹ Mein ist Gilead, mein auch Manasse, /
 Efraim ist der Helm auf meinem Haupt,
   Juda mein Herrscherstab.
¹⁰ Doch Moab ist mein Waschbecken, /
 auf Edom werfe ich meinen Schuh,

60,6c dem Bogen: Text durch Änderung der Vokale korr. nach G und S; H: der Wahrheit.

ich triumphiere über das Land der Philister.«

11 Wer führt mich hin zu der befestigten Stadt,
      wer wird mich nach Edom geleiten?

12 Gott, hast denn du uns verworfen?
      Du ziehst ja nicht aus, o Gott,
      mit unseren Heeren.
13 Bring uns doch Hilfe im Kampf mit dem Feind!
      Denn die Hilfe von Menschen ist nutzlos.
14 Mit Gott werden wir Großes vollbringen;
      er selbst wird unsere Feinde zertreten.

Fürbitte für den König

61 [Für den Chormeister. Mit Saitenspiel.
      Von David.]
2 Gott, höre mein Flehen,
      achte auf mein Beten!
3 Vom Ende der Erde rufe ich zu dir; /
   denn mein Herz ist verzagt.
      Führe mich auf den Felsen, der mir zu hoch ist!

4 Du bist meine Zuflucht,
      ein fester Turm gegen die Feinde.
5 In deinem Zelt möchte ich Gast sein auf ewig,
      mich bergen im Schutz deiner Flügel. [Sela]
6 Denn du, o Gott, hast meine Gelübde gehört
      und denen das Erbe gegeben,
      die deinen Namen fürchten.

7 Füge den Tagen des Königs noch viele hinzu!

60,10c Text korr.; H: über mich jauchze (vgl. 108,10)

Seine Jahre mögen dauern
von Geschlecht zu Geschlecht.
8 Er throne ewig vor Gottes Angesicht.
Huld und Treue mögen ihn behüten.
9 Dann will ich allzeit deinem Namen
singen und spielen
und Tag für Tag meine Gelübde erfüllen.

Vertrauen auf Gottes Macht und Huld

62 [Für den Chormeister. Nach Jedutun.
Ein Psalm Davids.]
2 Bei Gott allein kommt meine Seele zur Ruhe,
von ihm kommt mir Hilfe.
3 Nur er ist mein Fels, meine Hilfe, meine Burg;
darum werde ich nicht wanken.

4 Wie lange rennt ihr an gegen einen einzigen, /
stürmt alle heran wie gegen eine fallende Wand,
wie gegen eine Mauer, die einstürzt?
5 Ja, sie planen, ihn von seiner Höhe zu stürzen;
Lügen ist ihre Lust.
Sie segnen mit ihrem Mund,
doch in ihrem Herzen fluchen sie. [Sela]

6 Bei Gott allein kommt meine Seele zur Ruhe;
denn von ihm kommt meine Hoffnung.
7 Nur er ist mein Fels, meine Hilfe, meine Burg;
darum werde ich nicht wanken.

61,8b Text korr.
62,3b Text korr. (vgl. V. 7b).

⁸ Bei Gott ist mein Heil, meine Ehre;
  Gott ist mein schützender Fels, meine Zuflucht.

⁹ Vertrau ihm, Volk (Gottes), zu jeder Zeit! /
Schüttet euer Herz vor ihm aus!
  Denn Gott ist unsere Zuflucht. [Sela]

¹⁰ Nur ein Hauch sind die Menschen,
  die Leute nur Lug und Trug.
Auf der Waage schnellen sie empor,
  leichter als ein Hauch sind sie alle.
¹¹ Vertraut nicht auf Gewalt,
  verlaßt euch nicht auf Raub!
Wenn der Reichtum auch wächst,
  so verliert doch nicht euer Herz an ihn!

¹² Eines hat Gott gesagt,
  zweierlei habe ich gehört:
Bei Gott ist die Macht;
¹³   Herr, bei dir ist die Huld.
Denn du wirst jedem vergelten,
  wie es seine Taten verdienen.

Sehnsucht nach Gott

63 [Ein Psalm Davids, als er in der Wüste Juda war.]
² Gott, du mein Gott, dich suche ich,
  meine Seele dürstet nach dir.

62,8b Gott, wörtlich: bei Gott.

Nach dir schmachtet mein Leib
    wie dürres, lechzendes Land ohne Wasser.
3 Darum halte ich Ausschau nach dir
im Heiligtum,
    um deine Macht und Herrlichkeit zu sehen.
4 Denn deine Huld ist besser als das Leben;
    darum preisen dich meine Lippen.

5 Ich will dich rühmen mein Leben lang,
    in deinem Namen die Hände erheben.
6 Wie an Fett und Mark wird satt meine Seele,
    mit jubelnden Lippen
    soll mein Mund dich preisen.
7 Ich denke an dich auf nächtlichem Lager
    und sinne über dich nach, wenn ich wache.
8 Ja, du wurdest meine Hilfe;
    jubeln kann ich im Schatten deiner Flügel.
9 Meine Seele hängt an dir,
    deine rechte Hand hält mich fest.

10 Viele trachten mir ohne Grund nach dem Leben,
    aber sie müssen hinabfahren
    in die Tiefen der Erde.
11 Man gibt sie der Gewalt des Schwertes preis,
    sie werden eine Beute der Schakale.

12 Der König aber freue sich an Gott. /
Wer bei ihm schwört, darf sich rühmen.
    Doch allen Lügnern
    wird der Mund verschlossen.

63,10a ohne Grund: Text korr.; H: zum Verderben.

Bitte um Schutz vor den Feinden

64 [Für den Chormeister.
Ein Psalm Davids.]

² Höre, o Gott, mein lautes Klagen,
 schütze mein Leben vor dem Schrecken
 des Feindes!

³ Verbirg mich vor der Schar der Bösen,
 vor dem Toben derer, die Unrecht tun.

⁴ Sie schärfen ihre Zunge wie ein Schwert,
 schießen giftige Worte wie Pfeile,

⁵ um den Schuldlosen von ihrem Versteck aus
 zu treffen.
 Sie schießen auf ihn, plötzlich und ohne Scheu.

⁶ Sie sind fest entschlossen zu bösem Tun.
 Sie planen, Fallen zu stellen,
 und sagen: »Wer sieht uns schon?«

⁷ Sie haben Bosheit im Sinn,
 doch halten sie ihre Pläne geheim.
 Ihr Inneres ist heillos verdorben,
 ihr Herz ist ein Abgrund.

⁸ Da trifft sie Gott mit seinem Pfeil;
 sie werden jählings verwundet.

⁹ Ihre eigene Zunge bringt sie zu Fall.
 Alle, die es sehen, schütteln den Kopf.

64,3b Andere Übersetzungsmöglichkeit: vor der Verschwörung derer, . . .
64,6c Text korr.
64,7bc Text korr.
64,9 Text korr.

¹⁰ Dann fürchten sich alle Menschen; /
  sie verkünden Gottes Taten
    und bedenken sein Wirken.
¹¹ Der Gerechte freut sich am Herrn
  und sucht bei ihm Zuflucht.
    Und es rühmen sich alle Menschen
    mit redlichem Herzen.

Dank für Gottes Gaben

65 [Für den Chormeister.
  Ein Psalm Davids. Ein Lied.]
² Dir gebührt Lobgesang, Gott, auf dem Zion,
  dir erfüllt man Gelübde.
³ Du erhörst die Gebete.
    Alle Menschen kommen zu dir
⁴   unter der Last ihrer Sünden.
  Unsere Schuld ist zu groß für uns,
    du wirst sie vergeben.
⁵ Wohl denen, die du erwählst
  und in deine Nähe holst,
    die in den Vorhöfen deines Heiligtums wohnen.
  Wir wollen uns am Gut deines Hauses sättigen,
    am Gut deines Tempels.
⁶ Du vollbringst erstaunliche Taten,
    erhörst uns in Treue, du Gott unsres Heiles,
  du Zuversicht aller Enden der Erde
    und der fernsten Gestade.

65,2a Text korr.
65,4b für uns: Text korr.; H: für mich.
65,6d Text korr.

⁷ Du gründest die Berge in deiner Kraft,
du gürtest dich mit Stärke.
⁸ Du stillst das Brausen der Meere,
das Brausen ihrer Wogen, das Tosen der Völker.
⁹ Alle, die an den Enden der Erde wohnen, /
erschauern vor deinen Zeichen;
Ost und West erfüllst du mit Jubel.
¹⁰ Du sorgst für das Land und tränkst es;
du überschüttest es mit Reichtum.
Der Bach Gottes ist reichlich gefüllt,
du schaffst ihnen Korn; so ordnest du alles.
¹¹ Du tränkst die Furchen, ebnest die Schollen,
machst sie weich durch Regen,
segnest ihre Gewächse.
¹² Du krönst das Jahr mit deiner Güte,
deinen Spuren folgt Überfluß.
¹³ In der Steppe prangen die Auen,
die Höhen umgürten sich mit Jubel.
¹⁴ Die Weiden schmücken sich mit Herden, /
die Täler hüllen sich in Korn.
Sie jauchzen und singen.

Aufruf zum Lobpreis

66 [Für den Chormeister. Ein Lied. Ein Psalm.]
Jauchzt vor Gott, alle Länder der Erde! /
² Spielt zum Ruhm seines Namens!
Verherrlicht ihn mit Lobpreis!

65,10c reichlich, wörtlich: (Der Bach Gottes ist) mit Wasser (gefüllt).

65,12b Wörtlich: deine Spuren triefen von Fett.

³ Sagt zu Gott: »Wie ehrfurchtgebietend
  sind deine Taten;
        vor deiner gewaltigen Macht
        müssen die Feinde sich beugen.«
⁴ Alle Welt bete dich an und singe dein Lob,
        sie lobsinge deinem Namen!

⁵ Kommt und seht die Taten Gottes!
        Staunenswert ist sein Tun an den Menschen:
⁶ Er verwandelte das Meer in trockenes Land, /
  sie schritten zu Fuß durch den Strom;
        dort waren wir über ihn voll Freude.
⁷ In seiner Kraft ist er Herrscher auf ewig; /
  seine Augen prüfen die Völker.
        Die Trotzigen können sich gegen ihn
        nicht erheben. [Sela]

⁸ Preist unseren Gott, ihr Völker;
        laßt laut sein Lob erschallen!
⁹ Er erhielt uns am Leben
        und ließ unseren Fuß nicht wanken.
¹⁰ Du hast, o Gott, uns geprüft,
        und uns geläutert, wie man Silber läutert.
¹¹ Du brachtest uns in schwere Bedrängnis
        und legtest uns eine drückende Last
        auf die Schulter.
¹² Du ließest Menschen über unsere Köpfe schreiten. /
        Wir gingen durch Feuer und Wasser.
        Doch du hast uns in die Freiheit hinausgeführt.

66,11b auf die Schulter, wörtlich: um unsere Hüften.
66,12c Text korr.

¹³ Ich komme mit Opfern in dein Haus;
    ich erfülle dir meine Gelübde,
¹⁴ die ich einst dir versprach,
    die dir mein Mund in der Not gelobte.
¹⁵ Fette Tiere bringe ich dir als Brandopfer dar, /
  zusammen mit dem Rauch von Widdern;
    ich richte dir Rinder und Böcke zu. [Sela]

¹⁶ Ihr alle, die ihr Gott fürchtet, kommt und hört;
    ich will euch erzählen,
    was er mir Gutes getan hat.
¹⁷ Zu ihm hatte ich mit lauter Stimme gerufen,
    und schon konnte mein Mund ihn preisen.
¹⁸ Hätte ich Böses im Sinn gehabt,
    dann hätte der Herr mich nicht erhört.
¹⁹ Gott aber hat mich erhört,
    hat auf mein drängendes Beten geachtet.

²⁰ Gepriesen sei Gott;
  denn er hat mein Gebet nicht verworfen
    und mir seine Huld nicht entzogen.

Dank für den Segen Gottes

67 [Für den Chormeister. Mit Saitenspiel.
Ein Psalm. Ein Lied.]
² Gott sei uns gnädig und segne uns.
    Er lasse über uns sein Angesicht leuchten,
    [Sela]

66,15 Nach G.
66,17b Wörtlich: Rühmen war unter meiner Zunge.

³ damit auf Erden sein Weg erkannt wird
und unter allen Völkern sein Heil.

⁴ Die Völker sollen dir danken, o Gott,
danken sollen dir die Völker alle.

⁵ Die Nationen sollen sich freuen und jubeln.
Denn du richtest den Erdkreis gerecht.
Du richtest die Völker nach Recht
und regierst die Nationen auf Erden. [Sela]

⁶ Die Völker sollen dir danken, o Gott,
danken sollen dir die Völker alle.

⁷ Das Land gab seinen Ertrag.
Es segne uns Gott, unser Gott.
⁸ Es segne uns Gott.
Alle Welt fürchte und ehre ihn.

Ein Lied auf Gottes Sieg und Herrschaft

68 [Für den Chormeister.
Ein Psalm Davids. Ein Lied.]
² Gott steht auf, seine Feinde zerstieben;
die ihn hassen, fliehen vor seinem Angesicht.
³ Sie verfliegen, wie Rauch verfliegt; /
wie Wachs am Feuer zerfließt,
so vergehen die Frevler vor Gottes Angesicht.

67,3a sein Weg: Text korr.; H: dein Weg.
67,5b Mit G ergänzt.
67,8b Alle Welt, wörtlich: Alle Enden der Erde.
68,3a Sie verfliegen, wie Rauch verfliegt: Text korr.; H: Wie Rauch
verweht wird, den du auseinanderwehst.

⁴ Die Gerechten aber freuen sich
    und jubeln vor Gott;
        sie jauchzen in heller Freude.

⁵ Singt für Gott, spielt seinem Namen;
        jubelt ihm zu, ihm,
        der auf den Wolken einherfährt!
    Preist seinen Namen!
        Freut euch vor seinem Angesicht!
⁶ Ein Vater der Waisen, ein Anwalt der Witwen
        ist Gott in seiner heiligen Wohnung.
⁷ Gott bringt die Verlassenen heim, /
    führt die Gefangenen hinaus in das Glück;
        doch die Empörer müssen wohnen
        im dürren Land.

⁸ Gott, als du deinem Volk voranzogst, /
    als du die Wüste durchschrittest, [Sela]
⁹   da bebte die Erde,
    da ergossen sich die Himmel vor Gott,
        vor Gott, dem Herrn vom Sinai,
        vor Israels Gott.
¹⁰ Gott, du ließest Regen strömen in Fülle
        und erquicktest dein verschmachtendes
        Erbland.
¹¹ Deine Geschöpfe finden dort Wohnung;
        Gott, in deiner Güte versorgst du den Armen.
¹² Der Herr entsendet sein Wort;
        groß ist der Siegesbotinnen Schar.

_____

68,5c Text korr.

¹³ Die Könige der Heere fliehen, sie fliehen.
   Im Haus verteilt man die Beute.
¹⁴ Was bleibt ihr zurück in den Hürden?
   Du Taube mit silbernen Schwingen,
   mit goldenem Flügel!

¹⁵ Als der Allmächtige die Könige vertrieb,
   fiel Schnee auf dem Zalmon.
¹⁶ Ein Gottesberg ist der Baschanberg;
   ein Gebirge, an Gipfeln reich, ist der Baschan.
¹⁷ Warum blickt ihr voll Neid, ihr hohen Gipfel, /
   auf den Berg, den Gott sich zum Wohnsitz
   erwählt hat?
   Dort wird der Herr wohnen in Ewigkeit.
¹⁸ Die Wagen Gottes sind zahllos,
   tausendmal tausend.
   Vom Sinai zieht der Herr
   zu seinem Heiligtum.

¹⁹ Du zogst hinauf zur Höhe,
   führtest Gefangene mit;
   du nahmst Gaben entgegen von den Menschen.
   Auch Empörer müssen wohnen bei Gott,
   dem Herrn.

²⁰ Gepriesen sei der Herr, Tag für Tag!
   Gott trägt uns, er ist unsre Hilfe. [Sela]
²¹ Gott ist ein Gott, der uns Rettung bringt,
   Gott, der Herr, führt uns heraus aus dem Tod.

68,13b Text korr.
68,18b Text korr.; H: Der Herr ist unter ihnen, (der vom) Sinai (ist)
im Heiligtum.

²² Denn Gott zerschmettert das Haupt seiner Feinde,
    den Kopf des Frevlers, der in Sünde dahinlebt.
²³ Der Herr hat gesprochen: »Ich bringe (sie) vom
  Baschan zurück,
        ich bringe (sie) zurück aus den Tiefen
        des Meeres.
²⁴ Dein Fuß wird baden im Blut,
        die Zunge deiner Hunde ihren Anteil
        bekommen an den Feinden.«

²⁵ Gott, sie sahen deinen Einzug,
        den Einzug meines Gottes und Königs
        ins Heiligtum:
²⁶ voraus die Sänger, die Saitenspieler danach,
        dazwischen Mädchen mit kleinen Pauken.
²⁷ Versammelt euch und preist unsern Gott,
        den Herrn in der Gemeinde Israels:
²⁸ voran der kleine Stamm Benjamin, /
  im Zug die Fürsten von Juda,
        die Fürsten von Sebulon,
        die Fürsten von Naftali.

²⁹ Biete auf, o Gott, deine Macht, /
  die Gottesmacht, die du an uns erwiesen hast
³⁰ᵃ   von deinem Tempel aus,
        hoch über Jerusalem.

68,24 Text korr. nach G, S und der aramäischen Übersetzung; H:
damit du (Feinde) zerschmetterst, wobei dein Fuß im Blut (watet).
68,27b in der Gemeinde: Text korr.; H: ihr aus dem Brunnen Israels.
68,28b im Zug, wörtlich: im Lärmen der Menge.
68,29a o Gott: Text korr.; H: dein Gott.

³¹ Wehr ab das Untier im Schilf,
   die Rotte der Starken,
      wehr ab die Herrscher der Völker!
   Sie sind gierig nach Silber, tritt sie nieder;
      zerstreue die Völker, die Lust haben am Krieg.
³⁰ᵇ Könige kommen mit Gaben, /
³² aus Ägypten bringt man Geräte von Erz,
      Kusch erhebt zu Gott seine Hände.

³³ Ihr Königreiche der Erde, singt für Gott,
      singt und spielt für den Herrn, [Sela]
³⁴ der dahinfährt über den Himmel,
   den uralten Himmel,
      der seine Stimme erhebt,
      seine machtvolle Stimme.
³⁵ Preist Gottes Macht! /
   Über Israel ragt seine Hoheit empor,
      seine Macht ragt bis zu den Wolken.
³⁶ Gott in seinem Heiligtum ist voll Majestät,
   Israels Gott;
      seinem Volk verleiht er Stärke und Kraft.
      Gepriesen sei Gott.

   Der Hilferuf eines unschuldig Verfolgten

69 [Für den Chormeister.
       Nach der Weise »Lilien«. Von David.]
² Hilf mir, o Gott!
      Schon reicht mir das Wasser bis an die Kehle.

68,31cde Text korr.
68,36a in seinem Heiligtum: Text korr.; H: aus deinem Heiligtum.

³ Ich bin in tiefem Schlamm versunken
        und habe keinen Halt mehr;
    ich geriet in tiefes Wasser,
        die Strömung reißt mich fort.
⁴ Ich bin müde vom Rufen,
        meine Kehle ist heiser,
    mir versagen die Augen,
        während ich warte auf meinen Gott.
⁵ Zahlreicher als die Haare auf meinem Kopf
        sind die, die mich grundlos hassen.
    Zahlreich sind meine Verderber,
    meine verlogenen Feinde.
        Was ich nicht geraubt habe, soll ich erstatten.

⁶ Gott, du kennst meine Torheit,
        meine Verfehlungen sind dir nicht verborgen.
⁷ Wer auf dich hofft, Herr, du Herr der Heere,
        soll durch mich nicht scheitern;
    wer dich sucht, Gott Israels,
        gerate durch mich nicht in Schande.
⁸ Denn deinetwegen erleide ich Schmach,
        und Schande bedeckt mein Gesicht.

⁹ Entfremdet bin ich den eigenen Brüdern,
        den Söhnen meiner Mutter wurde ich fremd.
¹⁰ Denn der Eifer für dein Haus hat mich verzehrt;
        die Schmähungen derer, die dich schmähen,
        haben mich getroffen.
¹¹ Ich nahm mich durch Fasten in Zucht,
        doch es brachte mir Schmach und Schande.

69,11a Text korr.; H: Ich weinte beim Fasten meiner Seele.

¹² Ich ging in Sack und Asche,
    doch sie riefen Spottverse hinter mir her.
¹³ Man redet über mich in der Versammlung am Tor,
    von mir singen die Zecher beim Wein.

¹⁴ Ich aber bete zu dir,
    Herr, zur Zeit der Gnade.
  Erhöre mich in deiner großen Huld,
    Gott, hilf mir in deiner Treue!
¹⁵ Entreiß mich dem Sumpf,
    damit ich nicht versinke.
  Zieh mich heraus aus dem Verderben,
    aus dem tiefen Wasser!
¹⁶ Laß nicht zu, daß die Flut mich überschwemmt, /
  die Tiefe mich verschlingt,
    der Brunnenschacht über mir
    seinen Rachen schließt.
¹⁷ Erhöre mich, Herr, in deiner Huld und Güte,
    wende dich mir zu in deinem großen Erbarmen!
¹⁸ Verbirg nicht dein Gesicht vor deinem Knecht;
    denn mir ist angst. Erhöre mich bald!
¹⁹ Sei mir nah, und erlöse mich!
    Befrei mich meinen Feinden zum Trotz!

²⁰ Du kennst meine Schmach und meine Schande.
    Dir stehen meine Widersacher alle vor Augen.
²¹ Die Schande bricht mir das Herz,
    ganz krank bin ich vor Schmach;
  umsonst habe ich auf Mitleid gewartet,

69,15c Text korr.; H: Laß mich gerettet werden vor denen, die mich
hassen.

auf einen Tröster, doch ich habe keinen
gefunden.
²² Sie gaben mir Gift zu essen,
für den Durst reichten sie mir Essig.
²³ Der Opfertisch werde für sie zur Falle,
das Opfermahl zum Fangnetz.
²⁴ Blende ihre Augen, so daß sie nicht mehr sehen;
lähme ihre Hüften für immer!
²⁵ Gieß über sie deinen Grimm aus,
dein glühender Zorn soll sie treffen!
²⁶ Ihr Lagerplatz soll veröden,
in ihren Zelten soll niemand mehr wohnen.
²⁷ Denn sie verfolgen den Mann,
den du schon geschlagen hast,
und mehren den Schmerz dessen,
der von dir getroffen ist.
²⁸ Rechne ihnen Schuld über Schuld an,
damit sie nicht teilhaben an deiner Gerechtigkeit.
²⁹ Sie seien aus dem Buch des Lebens getilgt
und nicht bei den Gerechten verzeichnet.
³⁰ Ich aber bin elend und voller Schmerzen;
doch deine Hilfe, o Gott, wird mich erhöhen.
³¹ Ich will den Namen Gottes rühmen im Lied,
in meinem Danklied ihn preisen.
³² Das gefällt dem Herrn mehr als ein Opferstier,
mehr als Rinder mit Hörnern und Klauen.
³³ Schaut her, ihr Gebeugten, und freut euch;
ihr, die ihr Gott sucht: euer Herz lebe auf!

69,23 Nach der aramäischen Übersetzung.
69,27c Text korr. nach G; H: und sie zählen den Schmerz.

³⁴ Denn der Herr hört auf die Armen,
     er verachtet die Gefangenen nicht.

³⁵ Himmel und Erde sollen ihn rühmen,
     die Meere und was sich in ihnen regt.
³⁶ Denn Gott wird Zion retten,
     wird Judas Städte neu erbauen.
   Seine Knechte werden dort wohnen
   und das Land besitzen, /
³⁷ ihre Nachkommen sollen es erben;
     wer seinen Namen liebt, soll darin wohnen.

Bitte um Gottes Hilfe

70 [Für den Chormeister. Von David.
        Zum Weihrauchopfer.]
² Gott, komm herbei, um mich zu retten,
     Herr, eile mir zu Hilfe!

³ In Schmach und Schande sollen alle fallen,
     die mir nach dem Leben trachten.
   Zurückweichen sollen sie und vor Scham erröten,
     die sich über mein Unglück freuen.
⁴ Beschämt sollen sich alle abwenden,
   die lachen und höhnen
     und sagen: »Dir geschieht recht.«
⁵ Alle, die dich suchen, frohlocken;
     sie mögen sich freuen in dir.
   Die dein Heil lieben, sollen immer sagen:
     »Groß ist Gott, der Herr.«

_____

70,5d der Herr: ergänzt mit einigen hebräischen Handschriften (vgl.
Ps 40,17).

⁶ Ich aber bin arm und gebeugt.
  Eile, o Gott, mir zu Hilfe!
Meine Hilfe und mein Retter bist du.
  Herr, säume doch nicht!

Gott, die Zuflucht bis ins Alter

71 Herr, ich suche Zuflucht bei dir.
  Laß mich doch niemals scheitern!
² Reiß mich heraus und rette mich
  in deiner Gerechtigkeit,
    wende dein Ohr mir zu und hilf mir!
³ Sei mir ein sicherer Hort,
    zu dem ich allzeit kommen darf.
  Du hast mir versprochen zu helfen;
    denn du bist mein Fels und meine Burg.
⁴ Mein Gott, rette mich aus der Hand des Frevlers,
    aus der Faust des Bedrückers und Schurken!
⁵ Herr, mein Gott, du bist ja meine Zuversicht,
    meine Hoffnung von Jugend auf.
⁶ Vom Mutterleib an stütze ich mich auf dich, /
  vom Mutterschoß an bist du mein Beschützer;
    dir gilt mein Lobpreis allzeit.
⁷ Für viele bin ich wie ein Gezeichneter,
    du aber bist meine starke Zuflucht.
⁸ Mein Mund ist erfüllt von deinem Lob,
    von deinem Ruhm den ganzen Tag.

⁹ Verwirf mich nicht, wenn ich alt bin,
    verlaß mich nicht, wenn meine Kräfte
  schwinden.

¹⁰ Denn meine Feinde reden schlecht von mir,
     die auf mich lauern, beraten gemeinsam;
¹¹ sie sagen: »Gott hat ihn verlassen. /
   Verfolgt und ergreift ihn!
        Für ihn gibt es keinen Retter.«
¹² Gott, bleib doch nicht fern von mir!
     Mein Gott, eile mir zu Hilfe!
¹³ Alle, die mich bekämpfen,
     sollen scheitern und untergehn;
   über sie komme Schmach und Schande,
     weil sie mein Unglück suchen.
¹⁴ Ich aber will jederzeit hoffen,
     all deinen Ruhm noch mehren.
¹⁵ Mein Mund soll von deiner Gerechtigkeit künden /
   und von deinen Wohltaten sprechen
   den ganzen Tag;
        denn ich kann sie nicht zählen.

¹⁶ Ich will kommen in den Tempel Gottes, des Herrn,
     deine großen und gerechten Taten allein
     will ich rühmen.
¹⁷ Gott, du hast mich gelehrt von Jugend auf,
     und noch heute verkünde ich
     dein wunderbares Walten.
¹⁸ Auch wenn ich alt und grau bin,
     o Gott, verlaß mich nicht,
   damit ich von deinem machtvollen Arm
   der Nachwelt künde, /

71,13c Wörtlich: sie sollen sich kleiden in Schmach und Schande.
71,16 Andere Übersetzungsmöglichkeit: Ich will kommen mit den
Großtaten Gottes, des Herrn.

den kommenden Geschlechtern von deiner Stärke
19   und von deiner Gerechtigkeit, Gott,
        die größer ist als alles.
Du hast Großes vollbracht.
        Mein Gott, wer ist wie du?
20 Du ließest mich viel Angst und Not erfahren. /
Belebe mich neu,
        führe mich herauf aus den Tiefen der Erde!
21 Bring mich wieder zu Ehren!
        Du wirst mich wiederum trösten.
22 Dann will ich dir danken mit Saitenspiel
        und deine Treue preisen;
mein Gott, du Heiliger Israels,
        ich will dir auf der Harfe spielen.
23 Meine Lippen sollen jubeln, /
denn dir will ich singen und spielen,
        meine Seele, die du erlöst hast, soll jubeln.
24 Auch meine Zunge soll von deiner Gerechtigkeit
reden den ganzen Tag.
        Denn alle, die mein Unglück suchen,
        müssen vor Scham erröten und scheitern.

        Der Friedenskönig und sein Reich

72 [Von Salomo.]
    Verleih dein Richteramt, o Gott, dem König,
        dem Königssohn gib dein gerechtes Walten!
  2 Er regiere dein Volk in Gerechtigkeit
        und deine Armen durch rechtes Urteil.

³ Dann tragen die Berge Frieden für das Volk
   und die Höhen Gerechtigkeit.

⁴ Er wird Recht verschaffen
  den Gebeugten im Volk, /
  Hilfe bringen den Kindern der Armen,
     er wird die Unterdrücker zermalmen.
⁵ Er soll leben, solange die Sonne bleibt
  und der Mond,
     bis zu den fernsten Geschlechtern.
⁶ Er ströme wie Regen herab auf die Felder,
     wie Regenschauer, die die Erde benetzen.
⁷ Die Gerechtigkeit blühe auf in seinen Tagen
     und großer Friede,
     bis der Mond nicht mehr da ist.
⁸ Er herrsche von Meer zu Meer,
     vom Strom bis an die Enden der Erde.
⁹ Vor ihm sollen seine Gegner sich beugen,
     Staub sollen lecken all seine Feinde.
¹⁰ Die Könige von Tarschisch und von den Inseln
   bringen Geschenke,
     die Könige von Saba und Seba kommen
     mit Gaben.
¹¹ Alle Könige müssen ihm huldigen,
     alle Völker ihm dienen.

72,5a Text korr. nach G.
72,6b benetzen: Text unsicher.
72,7a H unklar.
72,9a seine Gegner: Text korr.; H: Schiffe, oder: Dämonen; G:
Äthiopier; S: Inseln.

¹² Denn er rettet den Gebeugten,
    der um Hilfe schreit,
        den Armen und den, der keinen Helfer hat.
¹³ Er erbarmt sich des Gebeugten und Schwachen,
    er rettet das Leben der Armen.
¹⁴ Von Unterdrückung und Gewalttat befreit er sie,
    ihr Blut ist in seinen Augen kostbar.

¹⁵ Er lebe, und Gold von Saba soll man ihm geben! /
    Man soll für ihn allezeit beten,
        stets für ihn Segen erflehen.
¹⁶ Im Land gebe es Korn in Fülle.
        Es rausche auf dem Gipfel der Berge.
    Seine Frucht wird sein wie die Bäume des Libanon.
        Menschen blühn in der Stadt
        wie das Gras der Erde.
¹⁷ Sein Name soll ewig bestehen;
        solange die Sonne bleibt, sprosse sein Name.
    Glücklich preisen sollen ihn alle Völker
        und in ihm sich segnen.

¹⁸ Gepriesen sei der Herr, der Gott Israels!
        Er allein tut Wunder.
¹⁹ Gepriesen sei sein herrlicher Name in Ewigkeit!
        Seine Herrlichkeit erfülle die ganze Erde.
        Amen, ja amen.

[Ende der Gebete Davids, des Sohnes Isais.]

DAS DRITTE BUCH

Das scheinbare Glück der Frevler

73 [Ein Psalm Asafs.]
Lauter Güte ist Gott für Israel,
   für alle Menschen mit reinem Herzen.

2 Ich aber – fast wären meine Füße gestrauchelt,
   beinahe wäre ich gefallen.
3 Denn ich habe mich über die Prahler ereifert,
   als ich sah, daß es diesen Frevlern so gut ging.
4 Sie leiden ja keine Qualen,
   ihr Leib ist gesund und wohlgenährt.
5 Sie kennen nicht die Mühsal der Sterblichen,
   sind nicht geplagt wie andere Menschen.
6 Darum ist Hochmut ihr Halsschmuck,
   wie ein Gewand umhüllt sie Gewalttat.
7 Sie sehen kaum aus den Augen vor Fett,
   ihr Herz läuft über von bösen Plänen.
8 Sie höhnen, und was sie sagen, ist schlecht;
   sie sind falsch und reden von oben herab.
9 Sie reißen ihr Maul bis zum Himmel auf
   und lassen auf Erden ihrer Zunge freien Lauf.

73,4b Text korr.

¹⁰ Darum wendet sich das Volk ihnen zu
     und schlürft ihre Worte in vollen Zügen.
¹¹ Sie sagen: »Wie sollte Gott das merken?
     Wie kann der Höchste das wissen?«
¹² Wahrhaftig, so sind die Frevler:
     Immer im Glück, häufen sie Reichtum
     auf Reichtum.

¹³ Also hielt ich umsonst mein Herz rein
     und wusch meine Hände in Unschuld.
¹⁴ Und doch war ich alle Tage geplagt
     und wurde jeden Morgen gezüchtigt.
²¹ Mein Herz war verbittert,
     mir bohrte der Schmerz in den Nieren;
²² ich war töricht und ohne Verstand,
     war wie ein Stück Vieh vor dir.
¹⁵ Hätte ich gesagt: »Ich will reden wie sie«,
     dann hätte ich an deinen Kindern Verrat geübt.
¹⁶ Da sann ich nach, um das zu begreifen;
     es war eine Qual für mich,
¹⁷ bis ich dann eintrat ins Heiligtum Gottes
     und begriff, wie sie enden.
¹⁸ Ja, du stellst sie auf schlüpfrigen Grund,
     du stürzt sie in Täuschung und Trug.
¹⁹ Sie werden plötzlich zunichte,
     werden dahingerafft
     und nehmen ein schreckliches Ende,

73,10a das Volk ihnen zu, wörtlich: sein Volk hierher.
73,10b Text korr.; H: Wasser in Fülle schlürfen sie.
73,15 Text korr. nach S und der aramäischen Übersetzung.

²⁰ wie ein Traum, der beim Erwachen verblaßt,
dessen Bild man vergißt, wenn man aufsteht.

²³ Ich aber bleibe immer bei dir,
du hältst mich an meiner Rechten.
²⁴ Du leitest mich nach deinem Ratschluß
und nimmst mich am Ende auf in Herrlichkeit.
²⁵ Was habe ich im Himmel außer dir?
Neben dir erfreut mich nichts auf der Erde.
²⁶ Auch wenn mein Leib
und mein Herz verschmachten, /
Gott ist der Fels meines Herzens
und mein Anteil auf ewig.

²⁷ Ja, wer dir fern ist, geht zugrunde;
du vernichtest alle, die dich treulos verlassen.
²⁸ Ich aber – Gott nahe zu sein ist mein Glück. /
Ich setze auf Gott, den Herrn, mein Vertrauen.
Ich will all deine Taten verkünden.

Klage über die Verwüstung des Heiligtums

74 [Ein Weisheitslied Asafs.]
Warum, Gott, hast du uns
für immer verstoßen?
Warum ist dein Zorn
gegen die Herde deiner Weide entbrannt?

73,20 Wörtlich: Wie ein Traum nach dem Erwachen, Herr, in der
Stadt vertreibst du ihr (Götzen)bild.
73,25 außer dir: ergänzt.

² Denk an deine Gemeinde,
   die du vorzeiten erworben, /
   als Stamm dir zu eigen erkauft,
      an den Berg Zion, den du zur Wohnung
      erwählt hast.
³ Erheb deine Schritte zu den uralten Trümmern!
      Der Feind hat im Heiligtum alles verwüstet.

⁴ Deine Widersacher lärmten
   an deiner heiligen Stätte,
      stellten ihre Banner auf als Zeichen des Sieges.
⁵ Wie einer die Axt schwingt
   im Dickicht des Waldes,
⁶   so zerschlugen sie all das Schnitzwerk
      mit Beil und Hammer.
⁷ Sie legten an dein Heiligtum Feuer,
      entweihten die Wohnung deines Namens
      bis auf den Grund.
⁸ Sie sagten in ihrem Herzen: »Wir zerstören alles.«
      Und sie verbrannten alle Gottesstätten
      ringsum im Land.
⁹ Zeichen für uns sehen wir nicht, /
   es ist kein Prophet mehr da,
      niemand von uns weiß, wie lange noch.
¹⁰ Wie lange, Gott, darf der Bedränger
   noch schmähen,
      darf der Feind ewig deinen Namen lästern?

74,5 Text korr.; H: Es sah sich an, wie wenn man im Unterholz die
Äxte hoch emporhebt.
74,6a Text korr.; H: und dann all das Schnitzwerk.

¹¹ Warum ziehst du die Hand von uns ab,
       hältst deine Rechte im Gewand verborgen?

¹² Doch Gott ist mein König von alters her,
       Taten des Heils vollbringt er auf Erden.
¹³ Mit deiner Macht hast du das Meer zerspalten,
       die Häupter der Drachen
       über den Wassern zerschmettert.
¹⁴ Du hast die Köpfe des Levíatan zermalmt,
       ihn zum Fraß gegeben
       den Ungeheuern der See.
¹⁵ Hervorbrechen ließest du Quellen und Bäche,
       austrocknen Ströme, die sonst nie versiegen.
¹⁶ Dein ist der Tag, dein auch die Nacht,
       hingestellt hast du Sonne und Mond.
¹⁷ Du hast die Grenzen der Erde festgesetzt,
       hast Sommer und Winter geschaffen.

¹⁸ Denk daran: Der Feind schmäht den Herrn,
       ein Volk ohne Einsicht lästert deinen Namen.
¹⁹ Gib dem Raubtier das Leben deiner Taube
   nicht preis;
       das Leben deiner Armen vergiß nicht für immer!
²⁰ Blick hin auf deinen Bund!
       Denn voll von Schlupfwinkeln der Gewalt
       ist unser Land.

74,11b hältst verborgen: Text korr.; H: mach ein Ende!
74,14c Text korr.; H: dem Volk von Dämonen.
74,20a deinen: nach G und S.
74,20bc Andere Übersetzungsmöglichkeit: Denn die Winkel des
Landes sind voll von Stätten der Gewalt.

²¹ Laß den Bedrückten nicht beschämt
  von dir weggehn!
    Arme und Gebeugte
    sollen deinen Namen rühmen.
²² Erheb dich, Gott, und führe deine Sache!
    Bedenke, wie die Toren dich täglich schmähen.
²³ Vergiß nicht das Geschrei deiner Gegner,
    das Toben deiner Widersacher,
    das ständig emporsteigt.

Gott, der gerechte Richter

75 [Für den Chormeister. Nach der Weise
»Zerstöre nicht!«. Ein Psalm Asafs.
Ein Lied.]
  ² Wir preisen dich, Gott, wir preisen dich;
    dein Name ist denen nahe,
    die deine Wunder erzählen.
³ »Ja, zu der Zeit, die ich selbst bestimme,
    halte ich Gericht nach meinem Recht.
⁴ Die Erde mit allen, die auf ihr wohnen,
  mag wanken;
    doch ich selbst habe ihre Säulen
    auf festen Grund gestellt.« [Sela]
⁵ Ich sage zu den Stolzen: Seid nicht so vermessen!,
    und zu den Frevlern:
    Brüstet euch nicht mit eurer Macht!
⁶ Brüstet euch nicht stolz mit eurer Macht,
    redet nicht so überheblich daher!

7 Denn weder vom Osten noch vom Westen
  noch aus der Wüste kommt die Erhöhung.
8 Nein, der Richter ist Gott;
  den einen erniedrigt er,
  den andern erhöht er.

9 Ja, in der Hand des Herrn ist ein Becher,
  herben, gärenden Wein reicht er dar;
ihn müssen alle Frevler der Erde trinken,
  müssen ihn samt der Hefe schlürfen.
10 Ich aber werde jubeln für immer;
   dem Gott Jakobs will ich singen und spielen.
11 »Ich schlage die ganze Macht der Frevler nieder;
   doch das Haupt des Gerechten
   wird hoch erhoben.«

Der Weltenrichter auf dem Zion

76 [Für den Chormeister. Mit Saitenspiel.
Ein Psalm Asafs. Ein Lied.]
2 Gott gab sich zu erkennen in Juda,
  sein Name ist groß in Israel.
3 Sein Zelt erstand in Salem,
  seine Wohnung auf dem Zion.
4 Dort zerbrach er die blitzenden Pfeile des Bogens,
  Schild und Schwert, die Waffen des Krieges.
  [Sela]

75,7b Text korr.
75,10a jubeln: Text korr. nach G; H: verkünden.

⁵ Du bist furchtbar und herrlich,
    mehr als die ewigen Berge.
⁶ Ausgeplündert sind die tapferen Streiter, /
  sie sinken hin in den Schlaf;
    allen Helden versagen die Hände.
⁷ Wenn du drohst, Gott Jakobs,
    erstarren Rosse und Wagen.
⁸ Furchtbar bist du. Wer kann bestehen vor dir,
    vor der Gewalt deines Zornes?

⁹ Vom Himmel her machst du das Urteil bekannt;
    Furcht packt die Erde, und sie verstummt,
¹⁰ wenn Gott sich erhebt zum Gericht,
    um allen Gebeugten auf der Erde zu helfen.
    [Sela]
¹¹ Denn auch der Mensch voll Trotz muß dich
  preisen
    und der Rest der Völker dich feiern.

¹² Legt Gelübde ab und erfüllt sie dem Herrn,
  eurem Gott!
    Ihr alle ringsum, bringt Gaben ihm,
    den ihr fürchtet.
¹³ Er nimmt den Fürsten den Mut;
    furchterregend ist er für die Könige der Erde.

76,5a furchtbar: nach der aramäischen Übersetzung und nach der griechischen von Theodotion; H: leuchtend.
    76,5b Text korr. nach G.
    76,11 dich feiern: Text korr.; H: du gürtest dich. – Andere Übersetzungsmöglichkeit: Ja, das grimmige Edom soll dich preisen, der Rest Hamats dich feiern.

Gottes Weg mit seinem Volk

77 [Für den Chormeister. Nach Jedutun. Ein Psalm Asafs.]

² Ich rufe zu Gott, ich schreie,
  ich rufe zu Gott, bis er mich hört.
³ Am Tag meiner Not suche ich den Herrn; /
unablässig erhebe ich nachts meine Hände,
  meine Seele läßt sich nicht trösten.
⁴ Denke ich an Gott, muß ich seufzen;
  sinne ich nach, dann will mein Geist verzagen.
  [Sela]

⁵ Du läßt mich nicht mehr schlafen;
  ich bin voll Unruhe und kann nicht reden.
⁶ Ich sinne nach über die Tage von einst,
  ich will denken an längst vergangene Jahre.
⁷ Mein Herz grübelt bei Nacht,
  ich sinne nach, es forscht mein Geist.

⁸ Wird der Herr mich denn auf ewig verstoßen
  und mir niemals mehr gnädig sein?
⁹ Hat seine Huld für immer ein Ende,
  ist seine Verheißung aufgehoben für alle Zeiten?
¹⁰ Hat Gott seine Gnade vergessen,
  im Zorn sein Erbarmen verschlossen? [Sela]

¹¹ Da sagte ich mir: »Das ist mein Schmerz,
  daß die Rechte des Höchsten so anders handelt.«

77,3b Mit den Übersetzungen des Symmachus und des Hieronymus.
77,7 Nach G und S.

¹² Ich denke an die Taten des Herrn,
       ich will denken an deine früheren Wunder.
¹³ Ich erwäge all deine Werke
       und will nachsinnen über deine Taten.

¹⁴ Gott, dein Weg ist heilig.
       Wo ist ein Gott, so groß wie unser Gott?
¹⁵ Du allein bist der Gott, der Wunder tut,
       du hast deine Macht den Völkern kundgetan.
¹⁶ Du hast mit starkem Arm dein Volk erlöst,
       die Kinder Jakobs und Josefs. [Sela]
¹⁷ Die Wasser sahen dich, Gott, /
   die Wasser sahen dich und bebten.
       Die Tiefen des Meeres tobten.
¹⁸ Die Wolken gossen ihr Wasser aus, /
   das Gewölk ließ die Stimme dröhnen,
       auch deine Pfeile flogen dahin.
¹⁹ Dröhnend rollte dein Donner, /
   Blitze erhellten den Erdkreis,
       die Erde bebte und wankte.
²⁰ Durch das Meer ging dein Weg, /
   dein Pfad durch gewaltige Wasser,
       doch niemand sah deine Spuren.
²¹ Du führtest dein Volk wie eine Herde
       durch die Hand von Mose und Aaron.

77,14 Nach G.
77,19a Text korr.

Die Geschichte Israels als Mahnung und Warnung

78 [Ein Weisheitslied Asafs.]
Mein Volk, vernimm meine Weisung!
Wendet euer Ohr
zu den Worten meines Mundes!

2 Ich öffne meinen Mund zu einem Spruch;
ich will die Geheimnisse der Vorzeit verkünden.

3 Was wir hörten und erfuhren,
was uns die Väter erzählten,

4 das wollen wir unseren Kindern nicht verbergen,
sondern dem kommenden Geschlecht erzählen:
die ruhmreichen Taten und die Stärke des Herrn,
die Wunder, die er getan hat.

5 Er stellte sein Gesetz auf in Jakob, /
gab in Israel Weisung
und gebot unseren Vätern,
ihre Kinder das alles zu lehren,

6 damit das kommende Geschlecht davon erfahre, /
die Kinder späterer Zeiten;
sie sollten aufstehen und es weitergeben
an ihre Kinder,

7 damit sie ihr Vertrauen auf Gott setzen, /
die Taten Gottes nicht vergessen
und seine Gebote bewahren

8 und nicht werden wie ihre Väter, /
jenes Geschlecht voll Trotz und Empörung,
das wankelmütige Geschlecht,
dessen Geist nicht treu zu Gott hielt.

⁹ Die Söhne Efraims, Kämpfer mit Pfeil und Bogen,
     wandten den Rücken am Tag der Schlacht;
¹⁰ Gottes Bund hielten sie nicht,
     sie weigerten sich, seiner Weisung zu folgen.
¹¹ Sie vergaßen die Taten des Herrn,
     die Wunder, die er sie sehen ließ.

¹² Vor den Augen ihrer Väter vollbrachte er Wunder
     im Land Ägypten, im Gefilde von Zoan.
¹³ Er spaltete das Meer und führte sie hindurch,
     er ließ das Wasser feststehen wie einen Damm.
¹⁴ Er leitete sie bei Tag mit der Wolke
     und die ganze Nacht mit leuchtendem Feuer.
¹⁵ Er spaltete Felsen in der Wüste
     und gab dem Volk reichlich zu trinken,
     wie mit Wassern der Urflut.
¹⁶ Er ließ Bäche aus dem Gestein entspringen,
     ließ Wasser fließen gleich Strömen.

¹⁷ Doch sie sündigten weiter gegen ihn,
     sie trotzten in der Wüste dem Höchsten.
¹⁸ In ihrem Herzen versuchten sie Gott,
     forderten Nahrung für den Hunger.
¹⁹ Sie redeten gegen Gott; sie fragten:
     »Kann uns denn Gott den Tisch decken
     in der Wüste?
²⁰ Zwar hat er an den Felsen geschlagen,
     so daß Wasser floß und Bäche strömten.
     Kann er uns auch Brot verschaffen
     und sein Volk mit Fleisch versorgen?«

²¹ Das hörte der Herr und war voll Grimm; /

Feuer flammte auf gegen Jakob,
    Zorn erhob sich gegen Israel,
22 weil sie Gott nicht glaubten
    und nicht auf seine Hilfe vertrauten.
23 Dennoch gebot er den Wolken droben
    und öffnete die Tore des Himmels.
24 Er ließ Manna auf sie regnen als Speise,
    er gab ihnen Brot vom Himmel.
25 Da aßen die Menschen Wunderbrot;
    Gott gab ihnen Nahrung in Fülle.
26 Er ließ den Ostwind losbrechen droben am Himmel,
    führte in seiner Macht den Südwind herbei,
27 ließ Fleisch auf sie regnen wie Staub,
    gefiederte Vögel wie Sand am Meer.
28 Er ließ sie mitten ins Lager fallen,
    rings um Israels Zelte.
29 Da aßen alle und wurden satt;
    er hatte ihnen gebracht, was sie begehrten.

30 Noch aber hatten sie ihre Gier nicht gestillt,
    noch war die Speise in ihrem Mund,
31 da erhob sich gegen sie Gottes Zorn; /
er erschlug ihre Führer
    und streckte die jungen Männer Israels nieder.
32 Doch sie sündigten trotz allem weiter
    und vertrauten nicht seinen Wundern.
33 Darum ließ er ihre Tage schwinden wie einen Hauch
    und ihre Jahre voll Schrecken vergehen.
34 Wenn er dreinschlug, fragten sie nach Gott,
    kehrten um und suchten ihn.

³⁵ Sie dachten daran, daß Gott ihr Fels ist,
     Gott, der Höchste, ihr Erlöser.
³⁶ Doch sie täuschten ihn mit falschen Worten,
     und ihre Zunge belog ihn.
³⁷ Ihr Herz hielt nicht fest zu ihm,
     sie hielten seinem Bund nicht die Treue.
³⁸ Er aber vergab ihnen voll Erbarmen die Schuld
     und tilgte sein Volk nicht aus.
  Oftmals ließ er ab von seinem Zorn
     und unterdrückte seinen Groll.
³⁹ Denn er dachte daran,
  daß sie nichts sind als Fleisch,
     nur ein Hauch, der vergeht und nicht wiederkehrt.

⁴⁰ Wie oft haben sie ihm in der Wüste getrotzt,
     ihn gekränkt in der Steppe!
⁴¹ Immer wieder stellten sie ihn auf die Probe,
     sie reizten den heiligen Gott Israels.
⁴² Sie dachten nicht mehr an seine mächtige Hand,
     an den Tag, als er sie vom Unterdrücker befreite,
⁴³ als er in Ägypten Zeichen tat
     und Wunder im Gefilde von Zoan:
⁴⁴ Er verwandelte ihre Flüsse und Bäche in Blut;
     sie konnten daraus nicht mehr trinken.
⁴⁵ Er schickte einen Schwarm von Fliegen,
  der fraß sie auf,
     ein Heer von Fröschen, das vertilgte sie.
⁴⁶ Ihre Ernte überließ er den Grillen
     und den Heuschrecken den Ertrag ihrer Mühen.

78,36b Wörtlich: und mit ihrem Mund täuschten sie ihn.

⁴⁷ Ihre Reben zerschlug er mit Hagel,
   ihre Maulbeerbäume mit Körnern aus Eis.
⁴⁸ Ihr Vieh überließ er der Pest
   und ihre Herden den Seuchen.
⁴⁹ Er ließ die Glut seines Zorns auf sie los: /
   Grimm und Wut und Bedrängnis,
      Boten des Unheils in Scharen.
⁵⁰ Er ließ seinem Zorn freien Lauf; /
   er bewahrte sie nicht vor dem Tod
      und lieferte ihr Leben der Pest aus.
⁵¹ Er schlug in Ägypten alle Erstgeburt,
   in den Zelten Hams die Blüte der Jugend.
⁵² Dann führte er sein Volk hinaus wie Schafe,
   leitete sie wie eine Herde durch die Wüste.
⁵³ Er führte sie sicher, sie mußten nichts fürchten,
   doch ihre Feinde bedeckte das Meer.
⁵⁴ Er brachte sie in sein heiliges Land,
   in die Berge, die er erwarb mit mächtiger Hand.
⁵⁵ Er vertrieb die Völker vor ihnen, /
   ließ in ihren Zelten die Stämme Israels wohnen
      und teilte ihnen ihr Erbteil zu.

⁵⁶ Doch sie versuchten Gott
   und trotzten dem Höchsten;
      sie hielten seine Satzungen nicht.
⁵⁷ Wie ihre Väter, fielen sie treulos von ihm ab,
   sie wandten sich ab wie ein Bogen, der versagt.

78,48a Text korr.; H: überließ er dem Hagel.
78,51a alle Erstgeburt, wörtlich: den Erstling ihrer Zeugungskraft.
78,54b H: zu dem Berg, den . . .

⁵⁸ Sie erbitterten ihn mit ihrem Kult auf den Höhen
      und reizten seine Eifersucht mit ihren Götzen.
⁵⁹ Als Gott es sah, war er voll Grimm
      und sagte sich los von Israel.
⁶⁰ Er verwarf seine Wohnung in Schilo,
      das Zelt, wo er unter den Menschen wohnte.
⁶¹ Er gab seine Macht in Gefangenschaft,
      seine heilige Lade fiel in die Hand des Feindes.
⁶² Er lieferte sein Volk dem Schwert aus;
      er war voll Grimm über sein Eigentum.
⁶³ Die jungen Männer fraß das Feuer;
      den jungen Mädchen sang man kein Brautlied.
⁶⁴ Die Priester wurden mit dem Schwert erschlagen;
      die Witwen konnten die Toten nicht beweinen.

⁶⁵ Da erwachte der Herr wie aus dem Schlaf,
      wie ein Held, der betäubt war vom Wein.
⁶⁶ Er schlug seine Feinde zurück
      und gab sie ewiger Schande preis.
⁶⁷ Das Zelt Josefs verwarf er,
      dem Stamm Efraim entzog er die Erwählung.
⁶⁸ Doch den Stamm Juda erwählte er,
      den Berg Zion, den er liebt.
⁶⁹ Dort baute er sein hoch aufragendes Heiligtum, /
   so fest wie die Erde,
      die er für immer gegründet hat.
⁷⁰ Und er erwählte seinen Knecht David; /
   er holte ihn weg von den Hürden der Schafe,

78,61b seine heilige Lade: H: seine Pracht (als Bezeichnung der Lade).

71   von den Muttertieren nahm er ihn fort,
damit er sein Volk Jakob weide
   und sein Erbe Israel.
72 Er sorgte als Hirt für sie mit lauterem Herzen
   und führte sie mit klugen Händen.

Die Klage über die Zerstörung Jerusalems

79 [Ein Psalm Asafs.]
   Gott, die Heiden sind eingedrungen in
dein Erbe, /
sie haben deinen heiligen Tempel entweiht
   und Jerusalem in Trümmer gelegt.
2 Die Leichen deiner Knechte haben sie
zum Fraß gegeben den Vögeln des Himmels,
   die Leiber deiner Frommen
   den Tieren des Feldes.
3 Ihr Blut haben sie wie Wasser vergossen /
rings um Jerusalem,
   und keiner hat sie begraben.
4 Zum Schimpf sind wir geworden /
in den Augen der Nachbarn,
   zu Spott und Hohn bei allen,
   die rings um uns wohnen.

5 Wie lange noch, Herr? Willst du auf ewig zürnen?
   Wie lange noch wird dein Eifer lodern wie Feuer?
6 Gieß deinen Zorn aus über die Heiden, /
die dich nicht kennen,
   über jedes Reich, das deinen Namen nicht anruft.

7 Denn sie haben Jakob aufgezehrt
     und seine Felder verwüstet.
8 Rechne uns die Schuld der Vorfahren nicht an! /
   Mit deinem Erbarmen komm uns eilends
   entgegen!
     Denn wir sind sehr erniedrigt.

9 Um der Ehre deines Namens willen /
   hilf uns, du Gott unsres Heils!
     Um deines Namens willen reiß uns heraus
     und vergib uns die Sünden!
10 Warum dürfen die Heiden sagen:
     »Wo ist nun ihr Gott?«
   Laß kund werden an den Heiden
   vor unsern Augen,
     wie du das vergossene Blut deiner Knechte
     vergiltst.
11 Das Stöhnen der Gefangenen dringe zu dir.
     Befrei die Todgeweihten
     durch die Kraft deines Armes!
12 Zahl unsern Nachbarn siebenfach heim
     die Schmach, die sie dir, Herr, angetan.

13 Wir aber, dein Volk, die Schafe deiner Weide, /
   wollen dir ewig danken,
     deinen Ruhm verkünden von Geschlecht
     zu Geschlecht.

79,11b Andere Übersetzungsmöglichkeit: Laß am Leben die Tod-
geweihten!

79,12a Wörtlich: Zahl siebenfach in den Schoß unserer Nachbarn!

Bitte für Israel, den Weinstock Gottes

80 [Für den Chormeister. Nach der Weise »Lilien«.
Ein Zeugnis. Ein Psalm Asafs.]

² Du Hirte Israels, höre,
    der du Josef weidest wie eine Herde!
  Der du auf den Kerubim thronst, erscheine
³   vor Efraim, Benjamin und Manasse!
  Biete deine gewaltige Macht auf,
    und komm uns zu Hilfe!
⁴ Gott, richte uns wieder auf!
    Laß dein Angesicht leuchten,
    dann ist uns geholfen.

⁵ Herr, Gott der Heerscharen,
  wie lange noch zürnst du,
    während dein Volk zu dir betet?
⁶ Du hast sie gespeist mit Tränenbrot,
    sie überreich getränkt mit Tränen.
⁷ Du machst uns zum Spielball der Nachbarn,
    und unsere Feinde verspotten uns.
⁸ Gott der Heerscharen, richte uns wieder auf!
    Laß dein Angesicht leuchten,
    dann ist uns geholfen.

⁹ Du hobst in Ägypten einen Weinstock aus,
    du hast Völker vertrieben, ihn aber eingepflanzt.
¹⁰ Du schufst ihm weiten Raum;
    er hat Wurzeln geschlagen
    und das ganze Land erfüllt.

80,7b Nach G, S und der griechischen Übersetzung des Symmachus.

¹¹ Sein Schatten bedeckte die Berge,
        seine Zweige die Zedern Gottes.
¹² Seine Ranken trieb er bis hin zum Meer
        und seine Schößlinge bis zum Eufrat.
¹³ Warum rissest du seine Mauern ein?
        Alle, die des Weges kommen,
        plündern ihn aus.
¹⁴ Der Eber aus dem Wald wühlt ihn um,
        die Tiere des Feldes fressen ihn ab.
¹⁵ Gott der Heerscharen, wende dich uns wieder zu!
        Blick vom Himmel herab, und sieh auf uns!
    Sorge für diesen Weinstock
¹⁶   und für den Garten,
        den deine Rechte gepflanzt hat.

¹⁷ Die ihn im Feuer verbrannten wie Kehricht,
        sie sollen vergehen vor deinem drohenden
        Angesicht.
¹⁸ Deine Hand schütze den Mann zu deiner Rechten,
        den Menschensohn, den du für dich
        groß und stark gemacht.
¹⁹ Erhalt uns am Leben!
        Dann wollen wir deinen Namen anrufen
        und nicht von dir weichen.
²⁰ Herr, Gott der Heerscharen, richte uns wieder auf!
        Laß dein Angesicht leuchten,
        dann ist uns geholfen.

80,16 Text korr.; H fügt aus V. 18 hinzu: und den Sohn, den du groß-
zogst.

Aufruf zur Treue gegen Gott

81 [Für den Chormeister.
Nach dem Kelterlied. Von Asaf.]

2 Jubelt Gott zu, er ist unsre Zuflucht;
　　jauchzt dem Gott Jakobs zu!

3 Stimmt an den Gesang, schlagt die Pauke,
　　die liebliche Laute, dazu die Harfe!

4 Stoßt in die Posaune am Neumond
　　und zum Vollmond, am Tag unsres Festes!

5 Denn das ist Satzung für Israel,
　　Entscheid des Gottes Jakobs.

6 Das hat er als Gesetz für Josef erlassen,
　　als Gott gegen Ägypten auszog.

Eine Stimme höre ich, die ich noch nie vernahm: /

7 Seine Schulter hab' ich von der Bürde befreit,
　　seine Hände kamen los vom Lastkorb.

8 Du riefst in der Not,
　　und ich riß dich heraus;
ich habe dich aus dem Gewölk
des Donners erhört,
　　an den Wassern von Meríba geprüft. [Sela]

9 Höre, mein Volk, ich will dich mahnen!
　　Israel, wolltest du doch auf mich hören!

10 Für dich gibt es keinen andern Gott.
　　Du sollst keinen fremden Gott anbeten.

11 Ich bin der Herr, dein Gott, /

81,10　Textvorschlag für die Psalmodie: Du sollst dich nicht niederwerfen vor einem fremden Gott.

der dich heraufgeführt hat aus Ägypten.
 Tu deinen Mund auf! Ich will ihn füllen.

12 Doch mein Volk hat nicht auf meine
Stimme gehört;
 Israel hat mich nicht gewollt.
13 Da überließ ich sie ihrem verstockten Herzen,
 und sie handelten nach ihren eigenen Plänen.

14 Ach daß doch mein Volk auf mich hörte,
 daß Israel gehen wollte auf meinen Wegen!
15 Wie bald würde ich seine Feinde beugen,
 meine Hand gegen seine Bedränger wenden.
16 Alle, die den Herrn hassen,
müßten Israel schmeicheln,
 und das sollte für immer so bleiben.
17 Ich würde es nähren mit bestem Weizen
 und mit Honig aus dem Felsen sättigen.

 Bitte um Gottes Eingreifen als Richter

82 [Ein Psalm Asafs.]
 Gott steht auf in der Versammlung der Götter,
 im Kreis der Götter hält er Gericht.

2 »Wie lange noch wollt ihr ungerecht richten
 und die Frevler begünstigen? [Sela]
3 Verschafft Recht den Unterdrückten und Waisen,
 verhelft den Gebeugten und Bedürftigen
 zum Recht!

81,16 Israel: H: ihm.
81,17a Text korr.; H: Er hat es genährt.

⁴ Befreit die Geringen und Armen,
  entreißt sie der Hand der Frevler!«
⁵ Sie aber haben weder Einsicht noch Verstand, /
  sie tappen dahin im Finstern.
   Alle Grundfesten der Erde wanken.

⁶ »Wohl habe ich gesagt: Ihr seid Götter,
  ihr alle seid Söhne des Höchsten.
⁷ Doch nun sollt ihr sterben wie Menschen,
  sollt stürzen wie jeder der Fürsten.«

⁸ Erheb dich, Gott, und richte die Erde!
  Denn alle Völker werden dein Erbteil sein.

Eine Bitte um Hilfe gegen Feinde des Volkes

83 [Ein Lied.
  Ein Psalm Asafs.]
² Schweig doch nicht, o Gott, bleib nicht still,
  o Gott, bleib nicht stumm!

³ Sieh doch, deine Feinde toben;
  die dich hassen, erheben das Haupt.
⁴ Gegen dein Volk ersinnen sie listige Pläne
  und halten Rat gegen die,
  die sich bei dir bergen.
⁵ Sie sagen: »Wir wollen sie ausrotten als Volk;
  an den Namen Israel soll niemand mehr denken.«
⁶ Ja, sie halten einmütig Rat
  und schließen ein Bündnis gegen dich:

82,8b Wörtlich: Denn du besitzt Erbteil an den Völkern.

⁷ Edoms Zelte und die Ismaeliter,
   Moab und die Hagariter,
⁸ Gebal, Ammon und Amalek,
   das Philisterland und die Bewohner von Tyrus.
⁹ Zu ihnen gesellt sich auch Assur
   und leiht seinen Arm den Söhnen Lots. [Sela]

¹⁰ Mach es mit ihnen wie mit Midian und Sisera,
    wie mit Jabin am Bach Kischon,
¹¹ die du bei En-Dór vernichtet hast.
    Sie wurden zum Dung für die Äcker.
¹² Mach ihre Fürsten wie Oreb und Seeb, /
   wie Sebach und Zalmunna mach all ihre Führer!
¹³   Sie sagten: »Wir wollen Gottes Land erobern.«

¹⁴ Mein Gott, laß sie dahinwirbeln wie Staub,
    wie Spreu vor dem Wind!
¹⁵ Wie das Feuer, das ganze Wälder verbrennt,
    wie die Flamme, die Berge versengt,
¹⁶ so jage sie davon mit deinem Sturm,
    und schrecke sie mit deinem Wetter!
¹⁷ Bedecke mit Schmach ihr Gesicht,
    damit sie, Herr, nach deinem Namen fragen.
¹⁸ Beschämt sollen sie sein und verstört für immer,
    sollen vor Schande zugrunde gehn.
¹⁹ Sie sollen erkennen, daß du es bist.
   Herr ist dein Name.
       Du allein bist der Höchste über der ganzen Erde.

83,12 Text korr. nach G.
83,14a Wörtlich: Mein Gott, mach sie der Distel gleich!

Die Freude am Heiligtum

84 [Für den Chormeister. Nach dem Kelterlied.
Ein Psalm der Korachiter.]

2 Wie liebenswert ist deine Wohnung,
   Herr der Heerscharen! /
3 Meine Seele verzehrt sich in Sehnsucht
      nach dem Tempel des Herrn.
   Mein Herz und mein Leib jauchzen ihm zu,
      ihm, dem lebendigen Gott.
4 Auch der Sperling findet ein Haus /
   und die Schwalbe ein Nest für ihre Jungen –
      deine Altäre, Herr der Heerscharen,
      mein Gott und mein König.
5 Wohl denen, die wohnen in deinem Haus,
      die dich allezeit loben. [Sela]

6 Wohl den Menschen, die Kraft finden in dir,
      wenn sie sich zur Wallfahrt rüsten.
7 Ziehen sie durch das trostlose Tal, /
   wird es für sie zum Quellgrund,
      und Frühregen hüllt es in Segen.
8 Sie schreiten dahin mit wachsender Kraft;
      dann schauen sie Gott auf dem Zion.

9 Herr der Heerscharen, höre mein Beten,
      vernimm es, Gott Jakobs! [Sela]

84,3b dem Tempel, wörtlich: den (Tempel-)Vorhöfen des Herrn.
84,8b Text korr.; H: er erscheint (ihnen), der Gott der Götter auf
dem Zion.
84,9 H: Herr, Gott der Heerscharen.

¹⁰ Gott, sieh her auf unsern Schild,
     schau auf das Antlitz deines Gesalbten!
¹¹ Denn ein einziger Tag in den Vorhöfen
   deines Heiligtums
       ist besser als tausend andere.
   Lieber an der Schwelle stehen
   im Haus meines Gottes
       als wohnen in den Zelten der Frevler.
¹² Denn Gott der Herr ist Sonne und Schild.
       Er schenkt Gnade und Herrlichkeit;
   der Herr versagt denen, die rechtschaffen sind,
   keine Gabe.
¹³   Herr der Heerscharen,
       wohl dem, der dir vertraut!

        Bitte um das verheißene Heil

85 [Für den Chormeister.
     Ein Psalm der Korachiter.]
 ² Einst hast du, Herr, dein Land begnadet
       und Jakobs Unglück gewendet,
 ³ hast deinem Volk die Schuld vergeben,
       all seine Sünden zugedeckt, [Sela]
 ⁴ hast zurückgezogen deinen ganzen Grimm
       und deinen glühenden Zorn gedämpft.

 ⁵ Gott, unser Retter, richte uns wieder auf,
       laß von deinem Unmut gegen uns ab!

85,5b Wörtlich: zerbrich deinen Unmut gegen uns!

⁶ Willst du uns ewig zürnen,
   soll dein Zorn dauern von Geschlecht
   zu Geschlecht?
⁷ Willst du uns nicht wieder beleben,
   so daß dein Volk sich an dir freuen kann?
⁸ Erweise uns, Herr, deine Huld,
   und gewähre uns dein Heil!

⁹ Ich will hören, was Gott redet: /
   Frieden verkündet der Herr seinem Volk
   und seinen Frommen,
      den Menschen mit redlichem Herzen. [Sela]
¹⁰ Sein Heil ist denen nahe, die ihn fürchten.
      Seine Herrlichkeit wohne in unserm Land.
¹¹ Es begegnen einander Huld und Treue;
      Gerechtigkeit und Friede küssen sich.
¹² Treue sproßt aus der Erde hervor;
      Gerechtigkeit blickt vom Himmel hernieder.
¹³ Auch spendet der Herr dann Segen,
      und unser Land gibt seinen Ertrag.
¹⁴ Gerechtigkeit geht vor ihm her,
      und Heil folgt der Spur seiner Schritte.

Der Hilferuf eines Armen zu Gott

86 [Ein Gebet Davids.]
Wende dein Ohr mir zu, erhöre mich, Herr!
   Denn ich bin arm und gebeugt.

85,9d H fügt hinzu: und sie sollen nicht zur Torheit zurückkehren.
85,13a Segen, wörtlich: das Gute.
85,14b Text korr.; H: er achtet auf den Weg seiner Schritte.

² Beschütze mich, denn ich bin dir ergeben!
    Hilf deinem Knecht, der dir vertraut!
³ Du bist mein Gott. Sei mir gnädig, o Herr!
    Den ganzen Tag rufe ich zu dir.
⁴ Herr, erfreue deinen Knecht;
    denn ich erhebe meine Seele zu dir.
⁵ Herr, du bist gütig und bereit zu verzeihen,
    für alle, die zu dir rufen, reich an Gnade.
⁶ Herr, vernimm mein Beten,
    achte auf mein lautes Flehen!
⁷ Am Tag meiner Not rufe ich zu dir;
    denn du wirst mich erhören.

⁸ Herr, unter den Göttern ist keiner wie du,
    und nichts gleicht den Werken,
    die du geschaffen hast.
⁹ Alle Völker kommen und beten dich an,
    sie geben, Herr, deinem Namen die Ehre.
¹⁰ Denn du bist groß und tust Wunder;
    du allein bist Gott.

¹¹ Weise mir, Herr, deinen Weg;
    ich will ihn gehen in Treue zu dir.
  Richte mein Herz darauf hin,
    allein deinen Namen zu fürchten!
¹² Ich will dir danken, Herr, mein Gott,
  aus ganzem Herzen,
    will deinen Namen ehren immer und ewig.

86,3 »Du bist mein Gott« wurde aus V. 2 hierhergenommen.
86,8 »die du geschaffen hast« wurde aus V. 9 hierhergenommen.

¹³ Du hast mich den Tiefen des Totenreichs entrissen.
Denn groß ist über mir deine Huld.

¹⁴ Gott, freche Menschen haben sich gegen mich
erhoben,/
die Rotte der Gewalttäter
trachtet mir nach dem Leben;
doch dich haben sie nicht vor Augen.

¹⁵ Du aber, Herr, bist ein barmherziger
und gnädiger Gott,
du bist langmütig, reich an Huld und Treue.

¹⁶ Wende dich mir zu und sei mir gnädig, /
gib deinem Knecht wieder Kraft,
und hilf dem Sohn deiner Magd!

¹⁷ Tu ein Zeichen, und schenke mir Glück! /
Alle, die mich hassen, sollen es sehen
und sich schämen,
weil du, Herr, mich gerettet und getröstet hast.

Ein Loblied auf Zion, die Mutter aller Völker

87 [Ein Psalm der Korachiter. Ein Lied.]
² Der Herr liebt (Zion), seine Gründung
auf heiligen Bergen;
mehr als all seine Stätten in Jakob
liebt er die Tore Zions.

³ Herrliches sagt man von dir,
du Stadt unseres Gottes. [Sela]

87,2b Andere Übersetzungsmöglichkeit: mehr als alle anderen Orte
in Jakob.

⁴ Leute aus Ägypten und Babel
     zähle ich zu denen, die mich kennen;
auch von Leuten aus dem Philisterland, /
aus Tyrus und Kusch
     sagt man: Er ist dort geboren.
⁵ Doch von Zion wird man sagen: /
Jeder ist dort geboren.
     Er, der Höchste, hat Zion gegründet.

⁶ Der Herr schreibt, wenn er die Völker verzeichnet:
     Er ist dort geboren. [Sela]
⁷ Und sie werden beim Reigentanz singen:
     All meine Quellen entspringen in dir.

     Die Klage eines Kranken und Einsamen

88 [Ein Lied. Ein Psalm der Korachiter.
     Für den Chormeister. Nach der Weise
»Krankheit« zu singen. Ein Weisheitslied
Hemans, des Esrachiters.]
² Herr, du Gott meines Heils,
     zu dir schreie ich am Tag und bei Nacht.
³ Laß mein Gebet zu dir dringen,
     wende dein Ohr meinem Flehen zu!

⁴ Denn meine Seele ist gesättigt mit Leid,
     mein Leben ist dem Totenreich nahe.
⁵ Schon zähle ich zu denen, die hinabsinken ins Grab,
     bin wie ein Mann, dem alle Kraft genommen ist.
⁶ Ich bin zu den Toten hinweggerafft,
     wie Erschlagene, die im Grabe ruhen;

88,6a Text korr.

an sie denkst du nicht mehr,
denn sie sind deiner Hand entzogen.

⁷ Du hast mich ins tiefste Grab gebracht,
tief hinab in finstere Nacht.

⁸ Schwer lastet dein Grimm auf mir,
all deine Wogen stürzen über mir zusammen.
[Sela]

⁹ Die Freunde hast du mir entfremdet, /
mich ihrem Abscheu ausgesetzt;
ich bin gefangen und kann nicht heraus.

¹⁰ Mein Auge wird trübe vor Elend. /
Jeden Tag, Herr, ruf' ich zu dir;
ich strecke nach dir meine Hände aus.

¹¹ Wirst du an den Toten Wunder tun,
werden Schatten aufstehn, um dich zu preisen?
[Sela]

¹² Erzählt man im Grab von deiner Huld,
von deiner Treue im Totenreich?

¹³ Werden deine Wunder in der Finsternis bekannt,
deine Gerechtigkeit im Land des Vergessens?

¹⁴ Herr, darum schreie ich zu dir,
früh am Morgen tritt mein Gebet vor dich hin.

¹⁵ Warum, o Herr, verwirfst du mich,
warum verbirgst du dein Gesicht vor mir?

¹⁶ Gebeugt bin ich und todkrank
von früher Jugend an,

88,8 Wörtlich: und alle deine Wogen beugst du hernieder.

deine Schrecken lasten auf mir,
      und ich bin zerquält.
¹⁷ Über mich fuhr die Glut deines Zorns dahin,
      deine Schrecken vernichten mich.
¹⁸ Sie umfluten mich allzeit wie Wasser
      und dringen auf mich ein von allen Seiten.
¹⁹ Du hast mir die Freunde
   und Gefährten entfremdet;
      mein Vertrauter ist nur noch die Finsternis.

Das Klagelied über die Verwerfung des Hauses David

89 [Ein Weisheitslied Etans, des Esrachiters.]
      ² Von den Taten deiner Huld, Herr, will ich
   ewig singen,
      bis zum fernsten Geschlecht
      laut deine Treue verkünden.
³ Denn ich bekenne: Deine Huld besteht
   für immer und ewig;
      deine Treue steht fest im Himmel.
⁴ »Ich habe einen Bund geschlossen
   mit meinem Erwählten
      und David, meinem Knecht, geschworen:
⁵ Deinem Haus gebe ich auf ewig Bestand,
      und von Geschlecht zu Geschlecht
      richte ich deinen Thron auf.« [Sela]

⁶ Die Himmel preisen, Herr, deine Wunder
      und die Gemeinde der Heiligen deine Treue.

89,3b deine Treue steht fest: Text korr.; H: du befestigst deine
Treue.

⁷ Denn wer über den Wolken ist wie der Herr,
  wer von den Göttern ist dem Herrn gleich?
⁸ Gewaltig ist Gott im Rat der Heiligen,
  für alle rings um ihn her ist er
  groß und furchtbar.
⁹ Herr, Gott der Heerscharen, wer ist wie du?
  Mächtig bist du, Herr, und von Treue umgeben.
¹⁰ Du beherrschst die Empörung des Meeres;
  wenn seine Wogen toben – du glättest sie.
¹¹ Rahab hast du durchbohrt und zertreten,
  deine Feinde zerstreut mit starkem Arm.
¹² Dein ist der Himmel, dein auch die Erde;
  den Erdkreis und was ihn erfüllt
  hast du gegründet.
¹³ Nord und Süd hast du geschaffen,
  Tabor und Hermon jauchzen bei deinem Namen.
¹⁴ Dein Arm ist voll Kraft,
  deine Hand ist stark, deine Rechte hoch erhoben.
¹⁵ Recht und Gerechtigkeit sind die Stützen
  deines Thrones,
  Huld und Treue schreiten vor deinem Antlitz her.

¹⁶ Wohl dem Volk, das dich als König zu feiern weiß!
  Herr, sie gehen im Licht deines Angesichts.
¹⁷ Sie freuen sich über deinen Namen zu jeder Zeit,
  über deine Gerechtigkeit jubeln sie.
¹⁸ Denn du bist ihre Schönheit und Stärke,
  du erhöhst unsre Kraft in deiner Güte.

89,11a Text korr.
89,17b jubeln sie: Text korr.; H: erheben sie sich.

¹⁹ Ja, unser Schild gehört dem Herrn,
    unser König dem heiligen Gott Israels.

²⁰ Einst hast du in einer Vision zu deinen
    Frommen gesprochen: /
    »Einen Helden habe ich zum König gekrönt,
        einen jungen Mann aus dem Volk erhöht.
²¹ Ich habe David, meinen Knecht, gefunden
        und ihn mit meinem heiligen Öl gesalbt.
²² Beständig wird meine Hand ihn halten
        und mein Arm ihn stärken.
²³ Kein Feind soll ihn täuschen,
        kein ruchloser Mensch kann ihn bezwingen.
²⁴ Vor ihm will ich die Feinde zerschmettern,
        und alle, die ihn hassen, schlage ich nieder.
²⁵ Meine Treue und meine Huld begleiten ihn,
        und in meinem Namen erhebt er sein Haupt.
²⁶ Ich lege seine Hand auf das Meer,
        über die Ströme herrscht seine Rechte.
²⁷ Er wird zu mir rufen: Mein Vater bist du,
        mein Gott, der Fels meines Heiles.
²⁸ Ich mache ihn zum erstgeborenen Sohn,
        zum Höchsten unter den Herrschern der Erde.
²⁹ Auf ewig werde ich ihm meine Huld bewahren,
        mein Bund mit ihm bleibt allzeit bestehen.
³⁰ Sein Geschlecht lasse ich dauern für immer
        und seinen Thron, solange der Himmel währt.

³¹ Wenn seine Söhne meine Weisung verlassen,
        nicht mehr leben nach meiner Ordnung,

89,20b gekrönt: Text korr.

³² wenn sie meine Gesetze entweihen,
    meine Gebote nicht mehr halten,
³³ dann werde ich ihr Vergehen mit der Rute strafen
    und ihre Sünde mit Schlägen.
³⁴ Doch ich entziehe ihm nicht meine Huld,
    breche ihm nicht die Treue.
³⁵ Meinen Bund werde ich nicht entweihen;
    was meine Lippen gesprochen haben,
    will ich nicht ändern.
³⁶ Eines hab' ich geschworen, so wahr ich heilig bin,
    und niemals werde ich David belügen:
³⁷ Sein Geschlecht soll bleiben auf ewig,
    sein Thron habe Bestand vor mir wie die Sonne;
³⁸ er soll ewig bestehen wie der Mond,
    der verläßliche Zeuge über den Wolken.« [Sela]

³⁹ Nun aber hast du deinen Gesalbten verstoßen,
    ihn verworfen und mit Zorn überschüttet,
⁴⁰ hast den Bund mit deinem Knecht zerbrochen,
    zu Boden getreten seine Krone.
⁴¹ Eingerissen hast du all seine Mauern,
    in Trümmer gelegt seine Burgen.
⁴² Alle, die des Weges kommen, plündern ihn aus,
    er wird zum Gespött seiner Nachbarn.
⁴³ Du hast die Hand seiner Bedränger hoch erhoben,
    hast all seine Feinde erfreut.
⁴⁴ Du hast die Spitze seines Schwertes umgekehrt,
    hast im Kampf ihm den Sieg verweigert.

89,34a Text korr.; H: ich breche ihm nicht.
89,44a Übersetzung unsicher.

⁴⁵ Du hast ein Ende gemacht seinem Glanz
        und seinen Thron zu Boden geworfen.
⁴⁶ Du hast ihm die Tage der Jugend verkürzt
        und ihn bedeckt mit Schande. [Sela]

⁴⁷ Wie lange noch, Herr? Verbirgst du dich ewig?
        Soll dein Zorn wie Feuer brennen?
⁴⁸ Bedenke, Herr: Was ist unser Leben,
        wie vergänglich hast du
        alle Menschen erschaffen!
⁴⁹ Wo ist der Mann, der ewig lebt
    und den Tod nicht schaut,
        der sich retten kann vor dem Zugriff
        der Unterwelt? [Sela]
⁵⁰ Herr, wo sind die Taten deiner Huld geblieben,
        die du David in deiner Treue geschworen hast?
⁵¹ Herr, denk an die Schmach deines Knechtes!
        Im Herzen brennt mir der Hohn der Völker,
⁵² mit dem deine Feinde mich schmähen, Herr,
        und die Schritte deines Gesalbten verhöhnen.

⁵³ Gepriesen sei der Herr in Ewigkeit.
        Amen, ja amen.

89,48 Text korr.
89,51a deines Knechtes: Text korr.; H: deiner Knechte.
89,51b Text korr.; H: Im Herzen trage ich alle die vielen Völker.

DAS VIERTE BUCH

Der ewige Gott – der vergängliche Mensch

90 [Ein Gebet des Mose, des Mannes Gottes.]
Herr, du warst unsere Zuflucht
von Geschlecht zu Geschlecht.

2 Ehe die Berge geboren wurden, /
die Erde entstand und das Weltall,
bist du, o Gott, von Ewigkeit zu Ewigkeit.

3 Du läßt die Menschen zurückkehren zum Staub
und sprichst: »Kommt wieder, ihr Menschen!«
4 Denn tausend Jahre sind für dich /
wie der Tag, der gestern vergangen ist,
wie eine Wache in der Nacht.
5 Von Jahr zu Jahr säst du die Menschen aus;
sie gleichen dem sprossenden Gras.
6 Am Morgen grünt es und blüht,
am Abend wird es geschnitten und welkt.

7 Denn wir vergehen durch deinen Zorn,
werden vernichtet durch deinen Grimm.
8 Du hast unsere Sünden vor dich hingestellt,
unsere geheime Schuld in das Licht
deines Angesichts.

90,5 Text korr.
90,7 werden vernichtet, wörtlich: werden erschreckt.

⁹ Denn all unsere Tage gehn hin
   unter deinem Zorn,
      wir beenden unsere Jahre wie einen Seufzer.
¹⁰ Unser Leben währt siebzig Jahre,
      und wenn es hoch kommt, sind es achtzig.
   Das Beste daran ist nur Mühsal und Beschwer,
      rasch geht es vorbei, wir fliegen dahin.
¹¹ Wer kennt die Gewalt deines Zornes
      und fürchtet sich vor deinem Grimm?
¹² Unsere Tage zu zählen, lehre uns!
      Dann gewinnen wir ein weises Herz.

¹³ Herr, wende dich uns doch endlich zu!
      Hab Mitleid mit deinen Knechten!
¹⁴ Sättige uns am Morgen mit deiner Huld!
      Dann wollen wir jubeln und uns freuen
      all unsre Tage.
¹⁵ Erfreue uns so viele Tage, wie du uns
   gebeugt hast,
      so viele Jahre, wie wir Unglück erlitten.
¹⁶ Zeig deinen Knechten deine Taten
      und ihren Kindern deine erhabene Macht!
¹⁷ Es komme über uns die Güte des Herrn,
   unsres Gottes. /
   Laß das Werk unsrer Hände gedeihen,
      ja, laß gedeihen das Werk unsrer Hände!

90,11b Text korr.; H: und wie die Furcht vor dir ist dein Grimm.

Unter dem Schutz des Höchsten

91 Wer im Schutz des Höchsten wohnt
und ruht im Schatten des Allmächtigen,

2 der sagt zum Herrn: »Du bist für mich
Zuflucht und Burg,
mein Gott, dem ich vertraue.«

3 Er rettet dich aus der Schlinge des Jägers
und aus allem Verderben.

4 Er beschirmt dich mit seinen Flügeln, /
unter seinen Schwingen findest du Zuflucht,
Schild und Schutz ist dir seine Treue.

5 Du brauchst dich vor dem Schrecken der Nacht
nicht zu fürchten,
noch vor dem Pfeil, der am Tag dahinfliegt,

6 nicht vor der Pest, die im Finstern schleicht,
vor der Seuche, die wütet am Mittag.

7 Fallen auch tausend zu deiner Seite, /
dir zur Rechten zehnmal tausend,
so wird es doch dich nicht treffen.

8 Ja, du wirst es sehen mit eigenen Augen,
wirst zuschauen, wie den Frevlern
vergolten wird.

9 Denn der Herr ist deine Zuflucht,
du hast dir den Höchsten als Schutz erwählt.

91,2　Text korr. nach G.

91,3b　Andere Übersetzungsmöglichkeit: und aus der Pest des Verderbens; oder: und vor dem (verderbenbringenden) Wort (G). Die hebräischen Ausdrücke für Pest (deber) und Wort (dabar) können leicht verwechselt werden, zumal man keine Vokale schrieb.

91,9a　H: Denn du, Herr, bist meine Zuflucht.

¹⁰ Dir begegnet kein Unheil,
    kein Unglück naht deinem Zelt.
¹¹ Denn er befiehlt seinen Engeln,
    dich zu behüten auf all deinen Wegen.
¹² Sie tragen dich auf ihren Händen,
    damit dein Fuß nicht an einen Stein stößt;
¹³ du schreitest über Löwen und Nattern,
    trittst auf Löwen und Drachen.

¹⁴ »Weil er an mir hängt, will ich ihn retten;
    ich will ihn schützen,
    denn er kennt meinen Namen.
¹⁵ Wenn er mich anruft, dann will ich ihn erhören. /
    Ich bin bei ihm in der Not,
    befreie ihn und bringe ihn zu Ehren.
¹⁶ Ich sättige ihn mit langem Leben
    und lasse ihn schauen mein Heil.«

Ein Loblied auf die Treue Gottes

92 [Ein Psalm. Ein Lied für den Sabbattag.]
² Wie schön ist es, dem Herrn zu danken,
    deinem Namen, du Höchster, zu singen,
³ am Morgen deine Huld zu verkünden
    und in den Nächten deine Treue
⁴ zur zehnsaitigen Laute, zur Harfe,
    zum Klang der Zither.
⁵ Denn du hast mich durch deine Taten froh gemacht;
    Herr, ich will jubeln über die Werke
    deiner Hände.

⁶ Wie groß sind deine Werke, o Herr,
    wie tief deine Gedanken!

⁷ Ein Mensch ohne Einsicht erkennt das nicht,
    ein Tor kann es nicht verstehen.
⁸ Wenn auch die Frevler gedeihen /
  und alle, die Unrecht tun, wachsen,
    so nur, damit du sie für immer vernichtest.
⁹ Herr, dú bist der Höchste,
    du bleibst auf ewig.
¹⁰ Doch deine Feinde, Herr,
  wahrhaftig, deine Feinde vergehen;
    auseinandergetrieben werden alle,
    die Unrecht tun.

¹¹ Du machtest mich stark wie einen Stier,
    du salbtest mich mit frischem Öl.
¹² Mein Auge blickt herab auf meine Verfolger, /
  auf alle, die sich gegen mich erheben;
    mein Ohr hört vom Geschick der Bösen.
¹³ Der Gerechte gedeiht wie die Palme,
    er wächst wie die Zedern des Libanon.
¹⁴ Gepflanzt im Hause des Herrn,
    gedeihen sie in den Vorhöfen unseres Gottes.
¹⁵ Sie tragen Frucht noch im Alter
    und bleiben voll Saft und Frische;
¹⁶ sie verkünden: Gerecht ist der Herr;
    mein Fels ist er, an ihm ist kein Unrecht.

92,8a Wörtlich: Wenn auch die Frevler aufsprießen wie Gras.
92,11b Nach S und der aramäischen Übersetzung; H: übergossen
werde ich mit Öl.

Das Königtum Gottes

93 Der Herr ist König, bekleidet mit Hoheit;
der Herr hat sich bekleidet
und mit Macht umgürtet.
Der Erdkreis ist fest gegründet,
nie wird er wanken.
2 Dein Thron steht fest von Anbeginn,
du bist seit Ewigkeit.
3 Fluten erheben sich, Herr, /
Fluten erheben ihr Brausen,
Fluten erheben ihr Tosen.
4 Gewaltiger als das Tosen vieler Wasser, /
gewaltiger als die Brandung des Meeres
ist der Herr in der Höhe.

5 Deine Gesetze sind fest und verläßlich; /
Herr, deinem Haus gebührt Heiligkeit
für alle Zeiten.

Gott, der Anwalt der Gerechten

94 Gott der Vergeltung, o Herr,
du Gott der Vergeltung, erscheine!
2 Erhebe dich, Richter der Erde,
vergilt den Stolzen ihr Tun!

3 Wie lange noch dürfen die Frevler, o Herr,
wie lange noch dürfen die Frevler frohlocken?

93,4b Text korr.; H: mehr als die Herrlichkeit der Brandungen.

⁴ Sie führen freche Reden,
  alle, die Unrecht tun, brüsten sich.
⁵ Herr, sie zertreten dein Volk,
  sie unterdrücken dein Erbteil.
⁶ Sie bringen die Witwen und Waisen um
  und morden die Fremden.
⁷ Sie denken: Der Herr sieht es ja nicht,
  der Gott Jakobs merkt es nicht.

⁸ Begreift doch, ihr Toren im Volk!
  Ihr Unvernünftigen, wann werdet ihr klug?
⁹ Sollte der nicht hören, der das Ohr gepflanzt hat,
  sollte der nicht sehen, der das Auge geformt hat?
¹⁰ Sollte der nicht strafen, der die Völker erzieht,
  er, der die Menschen Erkenntnis lehrt?
¹¹ Der Herr kennt die Gedanken der Menschen:
  Sie sind nichts als ein Hauch.

¹² Wohl dem Mann, den du, Herr, erziehst,
  den du mit deiner Weisung belehrst.
¹³ Du bewahrst ihn vor bösen Tagen,
  bis man dem Frevler die Grube gräbt.
¹⁴ Ja, der Herr wird sein Volk nicht verstoßen
  und niemals sein Erbe verlassen.
¹⁵ Nun spricht man wieder Recht nach Gerechtigkeit;
  ihr folgen alle Menschen mit redlichem Herzen.

¹⁶ Wer wird sich für mich gegen die Frevler erheben,
  wer steht für mich ein gegen den,
  der Unrecht tut?
¹⁷ Wäre nicht der Herr meine Hilfe,
  bald würde ich im Land des Schweigens wohnen.

¹⁸ Wenn ich sage: »Mein Fuß gleitet aus«,
     dann stützt mich, Herr, deine Huld.
¹⁹ Mehren sich die Sorgen des Herzens,
     so erquickt dein Trost meine Seele.

²⁰ Kann sich mit dir der bestechliche Richter
   verbünden,
     der willkürlich straft, gegen das Gesetz?
²¹ Sie wollen das Leben des Gerechten vernichten
     und verurteilen schuldlose Menschen.
²² Doch meine Burg ist der Herr,
     mein Gott ist der Fels meiner Zuflucht.
²³ Er wird ihnen ihr Unrecht vergelten /
   und sie wegen ihrer Bosheit vernichten;
     vernichten wird sie der Herr, unser Gott.

Aufruf zur Treue gegen Gott

95 Kommt, laßt uns jubeln vor dem Herrn
     und zujauchzen dem Fels unsres Heiles!
² Laßt uns mit Lob seinem Angesicht nahen,
     vor ihm jauchzen mit Liedern!
³ Denn der Herr ist ein großer Gott,
     ein großer König über allen Göttern.
⁴ In seiner Hand sind die Tiefen der Erde,
     sein sind die Gipfel der Berge.
⁵ Sein ist das Meer, das er gemacht hat,
     das trockene Land, das seine Hände gebildet.

94,20 der bestechliche Richter, wörtlich: ein Richterstuhl des Verderbens.

⁶ Kommt, laßt uns niederfallen,
  uns vor ihm verneigen,
      laßt uns niederknien vor dem Herrn,
      unserm Schöpfer!
⁷ Denn er ist unser Gott, /
  wir sind das Volk seiner Weide,
      die Herde, von seiner Hand geführt.

  Ach, würdet ihr doch heute auf seine
  Stimme hören! /
⁸ »Verhärtet euer Herz nicht wie in Meríba,
      wie in der Wüste am Tag von Massa!
⁹ Dort haben eure Väter mich versucht,
      sie haben mich auf die Probe gestellt
      und hatten doch mein Tun gesehen.
¹⁰ Vierzig Jahre war mir dies Geschlecht zuwider, /
  und ich sagte: Sie sind ein Volk,
  dessen Herz in die Irre geht;
      denn meine Wege kennen sie nicht.
¹¹ Darum habe ich in meinem Zorn geschworen:
      Sie sollen nicht kommen
      in das Land meiner Ruhe.«

      Der Herr, König und Richter aller Welt

96 Singet dem Herrn ein neues Lied,
  singt dem Herrn, alle Länder der Erde!
² Singt dem Herrn und preist seinen Namen,
      verkündet sein Heil von Tag zu Tag!

95,10a dies: ergänzt nach G.

³ Erzählt bei den Völkern von seiner Herrlichkeit,
    bei allen Nationen von seinen Wundern!
⁴ Denn groß ist der Herr und hoch zu preisen,
    mehr zu fürchten als alle Götter.
⁵ Alle Götter der Heiden sind nichtig,
    der Herr aber hat den Himmel geschaffen.
⁶ Hoheit und Pracht sind vor seinem Angesicht,
    Macht und Glanz in seinem Heiligtum.

⁷ Bringt dar dem Herrn, ihr Stämme der Völker,
    bringt dar dem Herrn Lob und Ehre!
⁸ Bringt dar dem Herrn die Ehre seines Namens,
    spendet Opfergaben,
    und tretet ein in sein Heiligtum!
⁹ In heiligem Schmuck werft euch nieder
  vor dem Herrn,
    erbebt vor ihm, alle Länder der Erde!

¹⁰ Verkündet bei den Völkern:
    Der Herr ist König.
Den Erdkreis hat er gegründet,
so daß er nicht wankt.
    Er richtet die Nationen so, wie es recht ist.
¹¹ Der Himmel freue sich, die Erde frohlocke,
    es brause das Meer und alles, was es erfüllt.
¹² Es jauchze die Flur und was auf ihr wächst.
    Jubeln sollen alle Bäume des Waldes
¹³ vor dem Herrn, wenn er kommt,
    wenn er kommt, um die Erde zu richten.

96,8b Wörtlich: und tretet ein in seine (Tempel-)Vorhöfe!
96,10c H: Der Erdkreis ist gegründet.

Er richtet den Erdkreis gerecht
    und die Nationen nach seiner Treue.

Aufruf zur Freude über den Herrscher der Welt

97 Der Herr ist König. Die Erde frohlocke.
    Freuen sollen sich die vielen Inseln.

2 Rings um ihn her sind Wolken und Dunkel,
        Gerechtigkeit und Recht
    sind die Stützen seines Throns.

3 Verzehrendes Feuer läuft vor ihm her
    und frißt seine Gegner ringsum.

4 Seine Blitze erhellen den Erdkreis;
    die Erde sieht es und bebt.

5 Berge schmelzen wie Wachs vor dem Herrn,
    vor dem Antlitz des Herrschers aller Welt.

6 Seine Gerechtigkeit verkünden die Himmel,
    seine Herrlichkeit schauen alle Völker.

7 Alle, die Bildern dienen, werden zuschanden, /
    alle, die sich der Götzen rühmen.
        Vor ihm werfen sich alle Götter nieder.

8 Zion hört es und freut sich,
        Judas Töchter jubeln, Herr, über deine Gerichte.

9 Denn du, Herr, bist der Höchste
    über der ganzen Erde,
        hoch erhaben über alle Götter.

10 Ihr, die ihr den Herrn liebt, haßt das Böse! /
    Er behütet das Leben seiner Frommen,
        er entreißt sie der Hand der Frevler.

¹¹ Ein Licht erstrahlt den Gerechten
      und Freude den Menschen mit redlichem Herzen.
¹² Ihr Gerechten, freut euch am Herrn,
      und lobt seinen heiligen Namen!

Ein neues Lied auf den Richter und Retter

98 [Ein Psalm.]
      Singet dem Herrn ein neues Lied;
      denn er hat wunderbare Taten vollbracht.
   Er hat mit seiner Rechten geholfen
      und mit seinem heiligen Arm.
² Der Herr hat sein Heil bekannt gemacht
      und sein gerechtes Wirken enthüllt
      vor den Augen der Völker.
³ Er dachte an seine Huld
      und an seine Treue zum Hause Israel.
   Alle Enden der Erde
      sahen das Heil unsres Gottes.

⁴ Jauchzt vor dem Herrn, alle Länder der Erde,
      freut euch, jubelt und singt!
⁵ Spielt dem Herrn auf der Harfe,
      auf der Harfe zu lautem Gesang!
⁶ Zum Schall der Trompeten und Hörner
      jauchzt vor dem Herrn, dem König!

⁷ Es brause das Meer und alles, was es erfüllt,
      der Erdkreis und seine Bewohner.

97,11a Text korr.; H: Licht ist gesät den Gerechten.

⁸ In die Hände klatschen sollen die Ströme,
    die Berge sollen jubeln im Chor
⁹ vor dem Herrn, wenn er kommt,
    um die Erde zu richten.
Er richtet den Erdkreis gerecht,
    die Nationen so, wie es recht ist.

Der heilige Gott auf dem Zion

99 Der Herr ist König: Es zittern die Völker.
    Er thront auf den Kerubim: Es wankt die Erde.
² Groß ist der Herr auf Zion,
    über alle Völker erhaben.
³ Preisen sollen sie deinen großen,
    majestätischen Namen.
        Denn er ist heilig.

⁴ Stark ist der König, er liebt das Recht. /
    Du hast die Weltordnung fest begründet,
        hast Recht und Gerechtigkeit in Jakob
        geschaffen.
⁵ Rühmt den Herrn, unsern Gott; /
    werft euch am Schemel seiner Füße nieder!
        Denn er ist heilig.

⁶ Mose und Aaron sind unter seinen Priestern, /
    Samuel unter denen, die seinen Namen anrufen;
        sie riefen zum Herrn, und er hat sie erhört.

99,4a H: Und die Stärke des Königs liebt das Recht.
99,6b Vorschlag für die Psalmodie: auch Samuel rief seinen Namen
an.

⁷ Aus der Wolkensäule sprach er zu ihnen; /
  seine Gebote hielten sie,
      die Satzung, die er ihnen gab.
⁸ Herr, unser Gott, du hast sie erhört; /
  du warst ihnen ein verzeihender Gott,
      aber du hast ihre Frevel vergolten.
⁹ Rühmt den Herrn, unsern Gott, /
  werft euch nieder an seinem heiligen Berge!
      Denn heilig ist der Herr, unser Gott.

Lobgesang des Volkes beim Einzug ins Heiligtum

100 [Ein Psalm zum Dankopfer.]
      Jauchzt vor dem Herrn, alle Länder
  der Erde! /
² Dient dem Herrn mit Freude!
      Kommt vor sein Antlitz mit Jubel!
³ Erkennt: Der Herr allein ist Gott. /
  Er hat uns geschaffen, wir sind sein Eigentum,
      sein Volk und die Herde seiner Weide.

⁴ Tretet mit Dank durch seine Tore ein! /
  Kommt mit Lobgesang in die Vorhöfe
  seines Tempels!
      Dankt ihm, preist seinen Namen!
⁵ Denn der Herr ist gütig, /
  ewig währt seine Huld,
      von Geschlecht zu Geschlecht seine Treue.

100,3b wir sind sein Eigentum: so nach einigen alten Übersetzungen. Nach anderen alten Übersetzungen: und nicht wir (haben uns erschaffen).

Die Vorsätze eines Königs

101 [Ein Psalm Davids.]
Von Gnade und Recht will ich singen;
dir, o Herr, will ich spielen.

2 Ich will auf den Weg der Bewährten achten. /
Wann kommst du zu mir?
Ich lebe in der Stille meines Hauses
mit lauterem Herzen.

3 Ich richte mein Auge nicht auf Schändliches;
ich hasse es, Unrecht zu tun,
es soll nicht an mir haften.

4 Falschheit sei meinem Herzen fern;
ich will das Böse nicht kennen.

5 Wer den Nächsten heimlich verleumdet,
den bring' ich zum Schweigen.
Stolze Augen und hochmütige Herzen
kann ich nicht ertragen.

6 Meine Augen suchen die Treuen im Land; /
sie sollen bei mir wohnen.
Wer auf rechten Wegen geht,
der darf mir dienen.

7 In meinem Haus soll kein Betrüger wohnen;
kein Lügner kann vor meinen Augen bestehen.

8 Morgen für Morgen spreche ich das Urteil /
über die Frevler im Land,

101,2c in der Stille, wörtlich: inmitten meines Hauses.
101,8ab Wörtlich: Morgen für Morgen will ich vernichten alle Frevler im Land.

um in der Stadt des Herrn alle auszurotten,
die Unrecht tun.

Das Gebet eines Unglücklichen

102 [Gebet eines Unglücklichen, wenn er in
Verzweiflung ist und vor dem Herrn seine
Sorge ausschüttet.]

² Herr, höre mein Gebet!
    Mein Schreien dringe zu dir.

³ Verbirg dein Antlitz nicht vor mir! /
Wenn ich in Not bin, wende dein Ohr mir zu!
    Wenn ich dich anrufe, erhöre mich bald!

⁴ Meine Tage sind wie Rauch geschwunden,
    meine Glieder wie von Feuer verbrannt.

⁵ Versengt wie Gras und verdorrt ist mein Herz,
    so daß ich vergessen habe, mein Brot zu essen.

⁶ Vor lauter Stöhnen und Schreien
    bin ich nur noch Haut und Knochen.

⁷ Ich bin wie eine Dohle in der Wüste,
    wie eine Eule in öden Ruinen.

⁸ Ich liege wach, und ich klage
    wie ein einsamer Vogel auf dem Dach.

⁹ Den ganzen Tag schmähen mich die Feinde;
    die mich verhöhnen,
    nennen meinen Namen beim Fluchen.

¹⁰ Staub muß ich essen wie Brot,
    mit Tränen mische ich meinen Trank;

102,6 Wörtlich: Vor lauter Jammern klebt mein Gebein am Fleisch.
102,8 und ich klage wie: Text korr.; H: und ich bin wie . . .

¹¹ denn auf mir lasten dein Zorn und dein Grimm.
   Du hast mich hochgerissen
   und zu Boden geschleudert.

¹² Meine Tage schwinden dahin wie Schatten,
   ich verdorre wie Gras.
¹³ Du aber, Herr, du thronst für immer und ewig,
   dein Name dauert von Geschlecht zu Geschlecht.

¹⁴ Du wirst dich erheben, dich über Zion erbarmen;
   denn es ist Zeit, ihm gnädig zu sein,
   die Stunde ist da.
¹⁵ An Zions Steinen hängt das Herz deiner Knechte,
   um seine Trümmer tragen sie Leid.
¹⁶ Dann fürchten die Völker den Namen des Herrn
   und alle Könige der Erde deine Herrlichkeit.
¹⁷ Denn der Herr baut Zion wieder auf
   und erscheint in all seiner Herrlichkeit.
¹⁸ Er wendet sich dem Gebet der Verlassenen zu,
   ihre Bitten verschmäht er nicht.
¹⁹ Dies sei aufgeschrieben
   für das kommende Geschlecht,
   damit das Volk, das noch erschaffen wird,
   den Herrn lobpreise.

²⁰ Denn der Herr schaut herab aus heiliger Höhe,
   vom Himmel blickt er auf die Erde nieder;
²¹ er will auf das Seufzen der Gefangenen hören
   und alle befreien, die dem Tod geweiht sind,

102,12 Text korr.; H: Meine Tage (sind) wie ein lang sich dehnender
Schatten (d. h.: es geht dem Ende entgegen).

²² damit sie den Namen des Herrn
   auf dem Zion verkünden
      und sein Lob in Jerusalem,
²³ wenn sich dort Königreiche
   und Völker versammeln,
      um den Herrn zu verehren.

²⁴ Er hat meine Kraft auf dem Weg gebrochen,
      er hat meine Tage verkürzt.
²⁵ Darum sage ich: Raff mich nicht weg
   in der Mitte des Lebens,
      mein Gott, dessen Jahre
      Geschlecht um Geschlecht überdauern!
²⁶ Vorzeiten hast du der Erde Grund gelegt,
      die Himmel sind das Werk deiner Hände.
²⁷ Sie werden vergehen, du aber bleibst;
      sie alle zerfallen wie ein Gewand;
   du wechselst sie wie ein Kleid,
      und sie schwinden dahin.
²⁸ Du aber bleibst, der du bist,
      und deine Jahre enden nie.
²⁹ Die Kinder deiner Knechte
   werden (in Sicherheit) wohnen,
      ihre Nachkommen vor deinem Antlitz
      bestehen.

Ein Loblied auf den gütigen und verzeihenden Gott

103 [Von David.]
Lobe den Herrn, meine Seele,
      und alles in mir seinen heiligen Namen!

² Lobe den Herrn, meine Seele,
  und vergiß nicht, was er dir Gutes getan hat:
³ der dir all deine Schuld vergibt
  und all deine Gebrechen heilt,
⁴ der dein Leben vor dem Untergang rettet
  und dich mit Huld und Erbarmen krönt,
⁵ der dich dein Leben lang mit seinen Gaben sättigt;
  wie dem Adler wird dir die Jugend erneuert.
⁶ Der Herr vollbringt Taten des Heiles,
  Recht verschafft er allen Bedrängten.
⁷ Er hat Mose seine Wege kundgetan,
  den Kindern Israels seine Werke.
⁸ Der Herr ist barmherzig und gnädig,
  langmütig und reich an Güte.
⁹ Er wird nicht immer zürnen,
  nicht ewig im Groll verharren.
¹⁰ Er handelt an uns nicht nach unsern Sünden
  und vergilt uns nicht nach unsrer Schuld.
¹¹ Denn so hoch der Himmel über der Erde ist,
  so hoch ist seine Huld über denen,
  die ihn fürchten.
¹² So weit der Aufgang entfernt ist vom Untergang,
  so weit entfernt er die Schuld von uns.
¹³ Wie ein Vater sich seiner Kinder erbarmt,
  so erbarmt sich der Herr über alle,
  die ihn fürchten.
¹⁴ Denn er weiß, was wir für Gebilde sind;
  er denkt daran: Wir sind nur Staub.

103,5 dein Leben lang: Text korr.
103,11b so hoch: Text korr.; H: so stark.

¹⁵ Des Menschen Tage sind wie Gras,
  er blüht wie die Blume des Feldes.
¹⁶ Fährt der Wind darüber, ist sie dahin;
  der Ort, wo sie stand, weiß von ihr nichts mehr.
¹⁷ Doch die Huld des Herrn währt immer und ewig
  für alle, die ihn fürchten und ehren;
 sein Heil erfahren noch Kinder und Enkel; /
¹⁸ alle, die seinen Bund bewahren,
  an seine Gebote denken und danach handeln.

¹⁹ Der Herr hat seinen Thron errichtet im Himmel,
  seine königliche Macht beherrscht das All.
²⁰ Lobt den Herrn, ihr seine Engel, /
 ihr starken Helden, die seine Befehle vollstrecken,
  seinen Worten gehorsam!
²¹ Lobt den Herrn, all seine Scharen,
  seine Diener, die seinen Willen vollziehen!
²² Lobt den Herrn, all seine Werke, /
 an jedem Ort seiner Herrschaft!
  Lobe den Herrn, meine Seele!

Ein Loblied auf den Schöpfer

104 Lobe den Herrn, meine Seele! /
 Herr, mein Gott, wie groß bist du!
  Du bist mit Hoheit und Pracht bekleidet.
² Du hüllst dich in Licht wie in ein Kleid,
  du spannst den Himmel aus wie ein Zelt.
³ Du verankerst die Balken deiner Wohnung
 im Wasser. /

Du nimmst dir die Wolken zum Wagen,
  du fährst einher auf den Flügeln des Sturmes.
4 Du machst dir die Winde zu Boten
  und lodernde Feuer zu deinen Dienern.

5 Du hast die Erde auf Pfeiler gegründet;
  in alle Ewigkeit wird sie nicht wanken.
6 Einst hat die Urflut sie bedeckt wie ein Kleid,
  die Wasser standen über den Bergen.
7 Sie wichen vor deinem Drohen zurück,
  sie flohen vor der Stimme deines Donners.
8 Da erhoben sich Berge und senkten sich Täler
  an den Ort, den du für sie bestimmt hast.
9 Du hast den Wassern eine Grenze gesetzt, /
  die dürfen sie nicht überschreiten;
  nie wieder sollen sie die Erde bedecken.

10 Du läßt die Quellen hervorsprudeln in den Tälern,
  sie eilen zwischen den Bergen dahin.
11 Allen Tieren des Feldes spenden sie Trank,
  die Wildesel stillen ihren Durst daraus.
12 An den Ufern wohnen die Vögel des Himmels,
  aus den Zweigen erklingt ihr Gesang.
13 Du tränkst die Berge aus deinen Kammern,
  aus deinen Wolken wird die Erde satt.

14 Du läßt Gras wachsen für das Vieh,
  auch Pflanzen für den Menschen, die er anbaut,
damit er Brot gewinnt von der Erde
15   und Wein, der das Herz des Menschen erfreut,

104,13b Text korr.; H ist unverständlich.

damit sein Gesicht von Öl erglänzt
und Brot das Menschenherz stärkt.
16 Die Bäume des Herrn trinken sich satt,
die Zedern des Libanon, die er gepflanzt hat.
17 In ihnen bauen die Vögel ihr Nest,
auf den Zypressen nistet der Storch.
18 Die hohen Berge gehören dem Steinbock,
dem Klippdachs bieten die Felsen Zuflucht.

19 Du hast den Mond gemacht als Maß für die Zeiten,
die Sonne weiß, wann sie untergeht.
20 Du sendest Finsternis, und es wird Nacht,
dann regen sich alle Tiere des Waldes.
21 Die jungen Löwen brüllen nach Beute,
sie verlangen von Gott ihre Nahrung.
22 Strahlt die Sonne dann auf, so schleichen sie heim
und lagern sich in ihren Verstecken.
23 Nun geht der Mensch hinaus an sein Tagwerk,
an seine Arbeit bis zum Abend.

24 Herr, wie zahlreich sind deine Werke! /
Mit Weisheit hast du sie alle gemacht,
die Erde ist voll von deinen Geschöpfen.
25 Da ist das Meer, so groß und weit,
darin ein Gewimmel ohne Zahl:
kleine und große Tiere.
26 Dort ziehen die Schiffe dahin,
auch der Leviatan, den du geformt hast,
um mit ihm zu spielen.

104,25a so groß und weit, wörtlich: groß und weit nach beiden Seiten.

²⁷ Sie alle warten auf dich,
    daß du ihnen Speise gibst zur rechten Zeit.
²⁸ Gibst du ihnen, dann sammeln sie ein;
    öffnest du deine Hand, werden sie satt an Gutem.
²⁹ Verbirgst du dein Gesicht, sind sie verstört; /
  nimmst du ihnen den Atem, so schwinden sie hin
    und kehren zurück zum Staub der Erde.
³⁰ Sendest du deinen Geist aus,
  so werden sie alle erschaffen,
    und du erneuerst das Antlitz der Erde.

³¹ Ewig währe die Herrlichkeit des Herrn;
    der Herr freue sich seiner Werke.
³² Er blickt auf die Erde, und sie erbebt;
    er rührt die Berge an, und sie rauchen.
³³ Ich will dem Herrn singen, solange ich lebe,
    will meinem Gott spielen, solange ich da bin.
³⁴ Möge ihm mein Dichten gefallen.
    Ich will mich freuen am Herrn.
³⁵ Doch die Sünder sollen von der Erde
  verschwinden, /
  und es sollen keine Frevler mehr dasein.
    Lobe den Herrn, meine Seele!
    Halleluja!

Ein Loblied auf den Herrn der Geschichte

105 Dankt dem Herrn! Ruft seinen Namen an!
    Macht unter den Völkern
      seine Taten bekannt!

2 Singt ihm und spielt ihm,
   sinnt nach über all seine Wunder!
3 Rühmt euch seines heiligen Namens!
   Alle, die den Herrn suchen,
   sollen sich von Herzen freuen.
4 Fragt nach dem Herrn und seiner Macht,
   sucht sein Antlitz allezeit!
5 Denkt an die Wunder, die er getan hat,
   an seine Zeichen und die Beschlüsse
   aus seinem Mund.
6 Bedenkt es, ihr Nachkommen
   seines Knechtes Abraham,
   ihr Kinder Jakobs, die er erwählt hat.
7 Er, der Herr, ist unser Gott.
   Seine Herrschaft umgreift die Erde.
8 Ewig denkt er an seinen Bund,
   an das Wort, das er gegeben hat
   für tausend Geschlechter,
9 an den Bund, den er mit Abraham geschlossen,
   an den Eid, den er Isaak geschworen hat.
10 Er bestimmte ihn als Satzung für Jakob,
   als ewigen Bund für Israel.
11 Er sprach: Dir will ich Kanaan geben,
   das Land, das dir als Erbe bestimmt ist.

12 Als sie noch gering waren an Zahl,
   nur wenige und fremd im Land,
13 und noch zogen von Volk zu Volk,
   von einem Reich zum andern,
14 da ließ er sie von niemand bedrücken,
   wies ihretwegen Könige zurecht:

¹⁵ »Tastet meine Gesalbten nicht an,
　　tut meinen Propheten nichts zuleide!«
¹⁶ Dann aber rief er den Hunger ins Land,
　　entzog ihnen allen Vorrat an Brot.
¹⁷ Doch hatte er ihnen einen Mann vorausgesandt:
　　Josef wurde als Sklave verkauft.
¹⁸ Man spannte seine Füße in Fesseln
　　und zwängte seinen Hals ins Eisen
¹⁹ bis zu der Zeit, als sein Wort sich erfüllte
　　und der Spruch des Herrn ihm recht gab.
²⁰ Da sandte der König einen Boten und ließ ihn frei,
　　der Herrscher der Völker ließ ihn heraus.
²¹ Er bestellte ihn zum Herrn über sein Haus,
　　zum Gebieter über seinen ganzen Besitz.
²² Er sollte die Fürsten lenken nach seinem Sinn
　　und die Ältesten Weisheit lehren.

²³ Und Israel kam nach Ägypten,
　　Jakob wurde Gast im Lande Hams.
²⁴ Da mehrte Gott sein Volk gewaltig,
　　machte es stärker als das Volk der Bedrücker.
²⁵ Er wandelte ihren Sinn zum Haß gegen sein Volk,
　　so daß sie an seinen Knechten tückisch
　　handelten.
²⁶ Dann sandte er Mose, seinen Knecht,
　　und Aaron, den Gott sich erwählte.
²⁷ Sie wirkten unter ihnen seine Zeichen,
　　im Lande Hams seine Wunder.

105,22a Text korr. nach G, S und Vg.
105,27a Text korr. nach S.

²⁸ Er sandte Finsternis, da wurde es dunkel;
     doch achteten sie nicht auf sein Wort.
²⁹ Er verwandelte ihre Gewässer in Blut
     und ließ ihre Fische sterben.
³⁰ Ihr Land wimmelte von Fröschen
     bis hinein in den Palast des Königs.
³¹ Er gebot, da kamen Schwärme von Fliegen
     und von Stechmücken über das ganze Gebiet.
³² Er schickte ihnen Hagel statt Regen,
     flammendes Feuer auf ihr Land.
³³ Er zerschlug ihnen Weinstock und Feigenbaum
     und knickte in ihrem Gebiet die Bäume um.
³⁴ Er gebot, da kamen Schwärme von Grillen
     und Wanderheuschrecken in gewaltiger Zahl.
³⁵ Sie fraßen alles Grün in ihrem Land,
     sie fraßen die Frucht ihrer Felder.
³⁶ Er erschlug im Land jede Erstgeburt,
     die ganze Blüte der Jugend.
³⁷ Er führte sein Volk heraus mit Silber und Gold;
     in seinen Stämmen fand sich kein Schwächling.
³⁸ Bei ihrem Auszug waren die Ägypter froh;
     denn Schrecken vor ihnen hatte sie alle befallen.

³⁹ Eine Wolke breitete er aus, um sie zu decken,
     und Feuer, um die Nacht zu erleuchten.
⁴⁰ Als sie ihn baten, schickte er Wachteln
     und sättigte sie mit Brot vom Himmel.

105,28b Text korr.; H: und sie widerstrebten nicht seinem Wort.
105,36b Wörtlich: den Erstling all ihrer Kraft.
105,40a Text korr.; H: Als er bat.

⁴¹ Er öffnete den Felsen, und Wasser entquoll ihm,
     wie ein Strom floß es dahin in der Wüste.
⁴² Denn er dachte an sein heiliges Wort
     und an Abraham, seinen Knecht.
⁴³ Er führte sein Volk heraus in Freude,
     seine Erwählten in Jubel.
⁴⁴ Er gab ihnen die Länder der Völker
     und ließ sie den Besitz der Nationen gewinnen,
⁴⁵ damit sie seine Satzungen hielten
     und seine Gebote befolgten.
     Halleluja!

Gottes Güte – Israels Undank

106 Halleluja!
Danket dem Herrn; denn er ist gütig,
     denn seine Huld währt ewig.
² Wer kann die großen Taten des Herrn erzählen,
     all seinen Ruhm verkünden?
³ Wohl denen, die das Recht bewahren,
     und zu jeder Zeit tun, was gerecht ist.
⁴ Denk an mich, Herr, aus Liebe zu deinem Volk,
     such mich auf und bring mir Hilfe!
⁵ Laß mich das Glück deiner Erwählten schauen, /
   an der Freude deines Volkes mich freuen,
     damit ich gemeinsam mit deinem Erbe
     mich rühmen kann.

⁶ Wir haben zusammen mit unsern Vätern gesündigt,
     wir haben Unrecht getan und gefrevelt.

⁷ Unsre Väter in Ägypten begriffen
   deine Wunder nicht, /
   dachten nicht an deine reiche Huld
      und trotzten dem Höchsten am Schilfmeer.
⁸ Er aber hat sie gerettet, um seinen Namen zu ehren
      und seine Macht zu bekunden.
⁹ Er bedrohte das Schilfmeer, da wurde es trocken;
      wie durch eine Steppe
      führte er sie durch die Fluten.
¹⁰ Er rettete sie aus der Hand derer, die sie haßten,
      erlöste sie aus der Gewalt des Feindes.
¹¹ Ihre Bedränger bedeckte das Wasser,
      nicht einer von ihnen blieb übrig.
¹² Nun glaubten sie Gottes Worten
      und sangen laut seinen Lobpreis.

¹³ Doch sie vergaßen schnell seine Taten,
      wollten auf seinen Ratschluß nicht warten.
¹⁴ Sie wurden in der Wüste begehrlich
      und versuchten Gott in der Öde.
¹⁵ Er gab ihnen, was sie von ihm verlangten;
      dann aber erfaßte sie Ekel und Überdruß.
¹⁶ Sie wurden im Lager eifersüchtig auf Mose
      und auf Aaron, den Heiligen des Herrn.
¹⁷ Die Erde tat sich auf, sie verschlang den Datan
      und bedeckte die Rotte Abírams.
¹⁸ Feuer verbrannte die Rotte,
      Flammen verzehrten die Frevler.

106,7c dem Höchsten am Schilfmeer: Text korr.; H: am Meer, am
Schilfmeer.

¹⁹ Sie machten am Horeb ein Kalb
	und warfen sich vor dem Gußbild nieder.
²⁰ Die Herrlichkeit Gottes tauschten sie ein
	gegen das Bild eines Stieres, der Gras frißt.
²¹ Sie vergaßen Gott, ihren Retter,
	· der einst in Ägypten Großes vollbrachte,
²² Wunder im Lande Hams,
	furchterregende Taten am Schilfmeer.
²³ Da faßte er einen Plan, und er hätte sie
	vernichtet, /
	wäre nicht Mose, sein Erwählter,
	für sie in die Bresche gesprungen,
		so daß Gott sie im Zorn nicht vertilgte.

²⁴ Sie verschmähten das köstliche Land;
	sie glaubten seinen Verheißungen nicht.
²⁵ In ihren Zelten murrten sie,
	hörten nicht auf die Stimme des Herrn.
²⁶ Da erhob er gegen sie die Hand,
	um sie niederzustrecken noch in der Wüste,
²⁷ ihre Nachkommen unter die Völker
	zu zerstreuen,
	sie in alle Welt zu versprengen.

²⁸ Sie hängten sich an den Báal-Pegór
	und aßen die Opfer der toten Götzen.
²⁹ Sie erbitterten Gott mit ihren schändlichen Taten,
	bis über sie eine schwere Plage kam.

106,27a zu zerstreuen: Text korr.; H: niederzustrecken, (wie in V. 26b).

106,28 Wörtlich: die Opfer der Toten.

³⁰ Pinhas trat auf und hielt Gericht;
　　so wurde die Plage abgewandt.
³¹ Das rechnete Gott ihm als Gerechtigkeit an,
　　ihm und seinem Geschlecht für immer und ewig.
³² An den Wassern von Meríba
　reizten sie Gottes Zorn,
　　ihretwegen erging es Mose übel.
³³ Denn sie hatten seinen Geist erbittert,
　　sein Mund redete unbedacht.

³⁴ Sie rotteten die Völker nicht aus,
　　wie ihnen der Herr einst befahl.
³⁵ Sie vermischten sich mit den Heiden
　　und lernten von ihren Taten.
³⁶ Sie dienten ihren Götzen;
　　die wurden ihnen zur Falle.
³⁷ Sie brachten ihre Söhne und Töchter dar
　　als Opfer für die Dämonen.
³⁸ Sie vergossen schuldloses Blut,
　　das Blut ihrer Söhne und Töchter,
　die sie den Götzen Kanaans opferten;
　　so wurde das Land durch Blutschuld entweiht.
³⁹ Sie wurden durch ihre Taten unrein
　　und brachen Gott mit ihrem Tun die Treue.

⁴⁰ Der Zorn des Herrn entbrannte gegen sein Volk,
　　er empfand Abscheu gegen sein Erbe.
⁴¹ Er gab sie in die Hand der Völker,
　　und die sie haßten, beherrschten sie.
⁴² Ihre Feinde bedrängten sie,
　　unter ihre Hand mußten sie sich beugen.

⁴³ Oft hat er sie befreit; /
   sie aber trotzten seinem Beschluß
      und versanken in ihrer Schuld.
⁴⁴ Doch als er ihr Flehen hörte,
      sah er auf ihre Not
⁴⁵ und dachte ihnen zuliebe an seinen Bund;
      er hatte Mitleid in seiner großen Gnade.
⁴⁶ Bei denen, die sie verschleppten,
      ließ er sie Erbarmen erfahren.

⁴⁷ Hilf uns, Herr, unser Gott,
      führe uns aus den Völkern zusammen!
   Wir wollen deinen heiligen Namen preisen,
      uns rühmen, weil wir dich loben dürfen.

⁴⁸ Gepriesen sei der Herr, der Gott Israels, /
   vom Anfang bis ans Ende der Zeiten.
      Alles Volk soll sprechen: Amen.
      Halleluja!

106,43b Text korr.; H: ihrem Beschluß.

DAS FÜNFTE BUCH

Ein Danklied der Erlösten

107 Danket dem Herrn, denn er ist gütig,
denn seine Huld währt ewig.

² So sollen alle sprechen, die vom Herrn erlöst sind,
die er von den Feinden befreit hat.

³ Denn er hat sie aus den Ländern gesammelt,
vom Aufgang und Niedergang,
vom Norden und Süden.

⁴ Sie, die umherirrten in der Wüste, im Ödland,
und den Weg zur wohnlichen Stadt nicht fanden,

⁵ die Hunger litten und Durst,
denen das Leben dahinschwand,

⁶ die dann in ihrer Bedrängnis schrien zum Herrn,
die er ihren Ängsten entriß

⁷ und die er führte auf geraden Wegen,
so daß sie zur wohnlichen Stadt gelangten:

⁸ sie alle sollen dem Herrn danken für seine Huld,
für sein wunderbares Tun an den Menschen,

⁹ weil er die lechzende Seele gesättigt,
die hungernde Seele mit seinen Gaben erfüllt hat.

¹⁰ Sie, die saßen in Dunkel und Finsternis,
gefangen in Elend und Eisen,

¹¹ die den Worten Gottes getrotzt
    und verachtet hatten den Ratschluß des Höchsten,
¹² deren Herz er durch Mühsal beugte,
    die stürzten und denen niemand beistand,
¹³ die dann in ihrer Bedrängnis schrien zum Herrn,
    die er ihren Ängsten entriß,
¹⁴ die er herausführte aus Dunkel und Finsternis
    und deren Fesseln er zerbrach:
¹⁵ sie alle sollen dem Herrn danken für seine Huld,
    für sein wunderbares Tun an den Menschen,
¹⁶ weil er die ehernen Tore zerbrochen,
    die eisernen Riegel zerschlagen hat.

¹⁷ Sie, die dahinsiechten in ihrem
sündhaften Treiben,
    niedergebeugt wegen ihrer schweren Vergehen,
¹⁸ denen vor jeder Speise ekelte,
    die nahe waren den Pforten des Todes,
¹⁹ die dann in ihrer Bedrängnis schrien zum Herrn,
    die er ihren Ängsten entriß,
²⁰ denen er sein Wort sandte, die er heilte
    und vom Verderben befreite:
²¹ sie alle sollen dem Herrn danken für seine Huld,
    für sein wunderbares Tun an den Menschen.
²² Sie sollen ihm Dankopfer weihen,
    mit Jubel seine Taten verkünden.

²³ Sie, die mit Schiffen das Meer befuhren
    und Handel trieben auf den großen Wassern,

107,17a Text korr.; H: die Toren in ihrem sündhaften Treiben.
107,20 vom Verderben, wörtlich: aus ihren Gruben.

²⁴ die dort die Werke des Herrn bestaunten,
　　seine Wunder in der Tiefe des Meeres
²⁵ – Gott gebot und ließ den Sturmwind aufstehn,
　　der hoch die Wogen türmte –,
²⁶ die zum Himmel emporstiegen /
　und hinabfuhren in die tiefste Tiefe,
　　so daß ihre Seele in der Not verzagte,
²⁷ die wie Trunkene wankten und schwankten,
　　am Ende waren mit all ihrer Weisheit,
²⁸ die dann in ihrer Bedrängnis schrien zum Herrn,
　　die er ihren Ängsten entriß
²⁹ – er machte aus dem Sturm ein Säuseln,
　　so daß die Wogen des Meeres schwiegen –
³⁰ die sich freuten, daß die Wogen sich legten
　　und er sie zum ersehnten Hafen führte:
³¹ sie alle sollen dem Herrn danken für seine Huld,
　　für sein wunderbares Tun an den Menschen.
³² Sie sollen ihn in der Gemeinde des Volkes rühmen,
　　ihn loben im Kreis der Alten.

³³ Er machte Ströme zur dürren Wüste,
　　Oasen zum dürstenden Ödland,
³⁴ fruchtbares Land zur salzigen Steppe;
　　denn seine Bewohner waren böse.
³⁵ Er machte die Wüste zum Wasserteich,
　　verdorrtes Land zu Oasen.
³⁶ Dort siedelte er Hungernde an,
　　sie gründeten wohnliche Städte.
³⁷ Sie bestellten Felder, pflanzten Reben
　　und erzielten reiche Ernten.

[38] Er segnete sie,
    so daß sie sich gewaltig vermehrten,
    gab ihnen große Mengen an Vieh.
[39] Dann aber wurden sie geringer an Zahl,
    gebeugt unter der Last von Leid und Kummer.
[40] Er goß über die Edlen Verachtung aus,
    ließ sie umherirren in wegloser Wüste.
[41] Die Armen hob er aus dem Elend empor
    und vermehrte ihre Sippen, einer Herde gleich.
[42] Die Redlichen sehn es und freuen sich,
    doch alle bösen Menschen verstummen.
[43] Wer ist weise und beachtet das alles,
    wer begreift die reiche Huld des Herrn?

Gott, Hilfe und Schutz seines Volkes

108 [Ein Lied. Ein Psalm Davids.]
[2] Mein Herz ist bereit, o Gott, /
mein Herz ist bereit,
    ich will dir singen und spielen.
Wach auf, meine Seele! /
[3] Wacht auf, Harfe und Saitenspiel!
    Ich will das Morgenrot wecken.
[4] Ich will dich vor den Völkern preisen, Herr,
    dir vor den Nationen lobsingen.
[5] Denn deine Güte reicht, so weit der Himmel ist,
    deine Treue, so weit die Wolken ziehn.

108,2b Ergänzt aus 57,8.
108,2d Text korr. nach 57,9.
108,5a Text korr. nach 57,11.

6 Erheb dich über die Himmel, o Gott!
   Deine Herrlichkeit erscheine
   über der ganzen Erde.
7 Hilf mit deiner Rechten, erhöre uns,
   damit die gerettet werden, die du so sehr liebst.

8 Gott hat in seinem Heiligtum gesprochen: /
   »Ich will triumphieren, will Sichem verteilen
   und das Tal von Sukkot vermessen.
9 Mein ist Gilead, mein auch Manasse, /
   Efraim ist der Helm auf meinem Haupt,
   Juda mein Herrscherstab.
10 Doch Moab ist mein Waschbecken, /
   auf Edom werfe ich meinen Schuh,
   ich triumphiere über das Land der Philister.«

11 Wer führt mich hin zu der befestigten Stadt,
   wer wird mich nach Edom geleiten?

12 Gott, hast denn du uns verworfen?
   Du ziehst ja nicht aus, o Gott, mit unsern Heeren.
13 Bring uns doch Hilfe im Kampf mit dem Feind!
   Denn die Hilfe von Menschen ist nutzlos.
14 Mit Gott werden wir Großes vollbringen;
   er selbst wird unsere Feinde zertreten.

Bitte um Hilfe gegen erbarmungslose Feinde

109 [Für den Chormeister. Ein Psalm Davids.]
Gott, den ich lobe, schweig doch nicht!

108,7b Text korr. nach 60,7.

2   Denn ein Mund voll Frevel,
       ein Lügenmaul hat sich gegen mich aufgetan.
   Sie reden zu mir mit falscher Zunge, /
3 umgeben mich mit Worten voll Haß
       und bekämpfen mich ohne Grund.
4 Sie befeinden mich, während ich für sie bete,
5   sie vergelten mir Gutes mit Bösem,
       mit Haß meine Liebe.

6 Sein Frevel stehe gegen ihn auf als Zeuge,
       ein Ankläger trete an seine Seite.
7 Aus dem Gericht gehe er verurteilt hervor,
       selbst sein Gebet werde zur Sünde.
8 Nur gering sei die Zahl seiner Tage,
       sein Amt soll ein andrer erhalten.
9 Seine Kinder sollen zu Waisen werden
       und seine Frau zur Witwe.
10 Unstet sollen seine Kinder umherziehen
   und betteln,
       aus den Trümmern ihres Hauses vertrieben.
11 Sein Gläubiger reiße all seinen Besitz an sich,
       Fremde sollen plündern, was er erworben hat.

109,1–31 Dieser Psalm ist ein sogenannter Fluchpsalm. Er ist für
Fromme gedacht, die, vielleicht wegen Bestechlichkeit der Richter,
nicht hoffen können, in einem Gerichtsverfahren Recht zu bekommen.
V. 2–5 und 21–31 setzen mehrere, V. 6–20 nur einen Prozeßgegner voraus; das deutet darauf hin, daß der Verfasser in V. 6–20 einen bereits
vorgeformten Text eingearbeitet hat. Die schrecklichen Flüche erklä-
ren sich als äußerstes Mittel der Notwehr gegen übermächtige Feinde,
die nur durch einen Appell an Gottes Gerechtigkeit abgewehrt werden
können.
   109,4 Sie befeinden mich: H fügt hinzu: für meine Liebe.
   109,10b Text korr.

¹² Niemand sei da, der ihm die Gunst bewahrt,
    keiner, der sich der Waisen erbarmt.
¹³ Seine Nachkommen soll man vernichten,
    im nächsten Geschlecht schon erlösche sein
    Name.
¹⁴ Der Herr denke an die Schuld seiner Väter,
    ungetilgt bleibe die Sünde seiner Mutter.
¹⁵ Ihre Schuld stehe dem Herrn allzeit vor Augen,
    ihr Andenken lösche er aus auf Erden.
¹⁶ Denn dieser Mensch dachte nie daran,
    Gnade zu üben; /
    er verfolgte den Gebeugten und Armen
    und wollte den Verzagten töten.

¹⁷ Er liebte den Fluch – der komme über ihn;
    er verschmähte den Segen – der bleibe ihm fern.
¹⁸ Er zog den Fluch an wie ein Gewand; /
    der dringe wie Wasser in seinen Leib,
    wie Öl in seine Glieder.
¹⁹ Er werde für ihn wie das Kleid, in das er sich hüllt,
    wie der Gürtel, der ihn allzeit umschließt.
²⁰ So lohne der Herr es denen, die mich verklagen,
    und denen, die Böses gegen mich reden.

²¹ Du aber, Herr und Gebieter, /
    handle an mir, wie es deinem Namen entspricht,
    reiß mich heraus in deiner gütigen Huld!
²² Denn ich bin arm und gebeugt,
    mir bebt das Herz in der Brust.

109,13b sein Name: Text korr.; H: ihr Name.

23 Wie ein flüchtiger Schatten schwinde ich dahin;
    sie schütteln mich wie eine Heuschrecke ab.
24 Mir wanken die Knie vom Fasten,
    mein Leib nimmt ab und wird mager.
25 Ich wurde für sie zum Spott und zum Hohn,
    sie schütteln den Kopf, wenn sie mich sehen.

26 Hilf mir, Herr, mein Gott,
    in deiner Huld errette mich!
27 Sie sollen erkennen,
    daß deine Hand dies vollbracht hat,
    daß du, o Herr, es getan hast.
28 Mögen sie fluchen – du wirst segnen.
    Meine Gegner sollen scheitern,
    dein Knecht aber darf sich freuen.
29 Meine Ankläger sollen sich bedecken mit Schmach,
    wie in einen Mantel sich in Schande hüllen.

30 Ich will den Herrn preisen mit lauter Stimme,
    in der Menge ihn loben.
31 Denn er steht dem Armen zur Seite,
    um ihn vor falschen Richtern zu retten.

Die Einsetzung des priesterlichen Königs
auf dem Zion

110 [Ein Psalm Davids.]
So spricht der Herr zu meinem Herrn: /
Setze dich mir zur Rechten,
    und ich lege dir deine Feinde
    als Schemel unter die Füße.

109,28b Text korr.; H: Sie treten auf, aber sie scheitern.

² Vom Zion strecke der Herr
  das Zepter deiner Macht aus:
      »Herrsche inmitten deiner Feinde!«
³ Dein ist die Herrschaft am Tage deiner Macht,
      (wenn du erscheinst) in heiligem Schmuck;
  ich habe dich gezeugt noch vor dem Morgenstern,
      wie den Tau in der Frühe.

⁴ Der Herr hat geschworen, und nie wird's ihn reuen:
      »Du bist Priester auf ewig
      nach der Ordnung Melchisedeks.«

⁵ Der Herr steht dir zur Seite;
      er zerschmettert Könige am Tage seines Zornes.
⁶ Er hält Gericht unter den Völkern,
  er häuft die Toten,
      die Häupter zerschmettert er weithin auf Erden.
⁷ Er trinkt aus dem Bach am Weg;
      so kann er (von neuem) das Haupt erheben.

Ein Preislied auf die Wundertaten des Herrn

111 Halleluja!
      Den Herrn will ich preisen von ganzem Herzen
      im Kreis der Frommen, inmitten der Gemeinde.

² Groß sind die Werke des Herrn,
      kostbar allen, die sich an ihnen freuen.

110,3 H ist schwer verständlich; die Übersetzung ist ein Versuch nach G.

³ Er waltet in Hoheit und Pracht,
    seine Gerechtigkeit hat Bestand für immer.

⁴ Er hat ein Gedächtnis an seine Wunder gestiftet,
    der Herr ist gnädig und barmherzig.
⁵ Er gibt denen Speise, die ihn fürchten,
    an seinen Bund denkt er auf ewig.
⁶ Er hat seinem Volk seine machtvollen Taten
kundgetan,
    um ihm das Erbe der Völker zu geben.
⁷ Die Werke seiner Hände sind gerecht
und beständig,
    all seine Gebote sind verläßlich.
⁸ Sie stehen fest für immer und ewig,
    geschaffen in Treue und Redlichkeit.
⁹ Er gewährte seinem Volk Erlösung /
und bestimmte seinen Bund für ewige Zeiten.
    Furchtgebietend ist sein Name und heilig.

¹⁰ Die Furcht des Herrn ist der Anfang
der Weisheit; /
alle, die danach leben, sind klug.
    Sein Ruhm hat Bestand für immer.

Der Segen der Gottesfurcht

112 Halleluja!
Wohl dem Mann, der den Herrn
fürchtet und ehrt
    und sich herzlich freut an seinen Geboten.
² Seine Nachkommen werden mächtig im Land,
    das Geschlecht der Redlichen wird gesegnet.

³ Wohlstand und Reichtum füllen sein Haus,
    sein Heil hat Bestand für immer.
⁴ Den Redlichen erstrahlt im Finstern ein Licht:
    der Gnädige, Barmherzige und Gerechte.

⁵ Wohl dem Mann, der gütig und zum Helfen
  bereit ist,
    der das Seine ordnet, wie es recht ist.
⁶ Niemals gerät er ins Wanken;
    ewig denkt man an den Gerechten.
⁷ Er fürchtet sich nicht vor Verleumdung;
    sein Herz ist fest, er vertraut auf den Herrn.
⁸ Sein Herz ist getrost, er fürchtet sich nie;
    denn bald wird er herabschauen auf seine
    Bedränger.
⁹ Reichlich gibt er den Armen, /
  sein Heil hat Bestand für immer;
    er ist mächtig und hoch geehrt.
¹⁰ Voll Verdruß sieht es der Frevler, /
  er knirscht mit den Zähnen und geht zugrunde.
    Zunichte werden die Wünsche der Frevler.

   Ein Loblied auf Gottes Hoheit und Huld

113
Halleluja!
Lobet, ihr Knechte des Herrn,
lobt den Namen des Herrn!
² Der Name des Herrn sei gepriesen
    von nun an bis in Ewigkeit.
³ Vom Aufgang der Sonne bis zum Untergang
    sei der Name des Herrn gelobt.

4 Der Herr ist erhaben über alle Völker,
  seine Herrlichkeit überragt die Himmel.

5 Wer gleicht dem Herrn, unserm Gott,
  im Himmel und auf Erden,
6 ihm, der in der Höhe thront,
  der hinabschaut in die Tiefe,
7 der den Schwachen aus dem Staub emporhebt
  und den Armen erhöht, der im Schmutz liegt?
8 Er gibt ihm einen Sitz bei den Edlen,
  bei den Edlen seines Volkes.
9 Die Frau, die kinderlos war,
 läßt er im Hause wohnen;
   sie wird Mutter und freut sich an ihren Kindern.
   Halleluja!

Ein Lobpreis auf die Befreiung Israels

114 Als Israel aus Ägypten auszog,
     Jakobs Haus aus dem Volk mit fremder Sprache,
2 da wurde Juda Gottes Heiligtum,
  Israel das Gebiet seiner Herrschaft.

3 Das Meer sah es und floh,
  der Jordan wich zurück.
4 Die Berge hüpften wie Widder,
  die Hügel wie junge Lämmer.

5 Was ist mit dir, Meer, daß du fliehst,
  und mit dir, Jordan, daß du zurückweichst?

113,5f Die beiden Verse sind aus sachlichen Gründen folgenderma-
ßen umgestellt: 5a/6b und 5b/6a.
  113,8a ihm: Text korr. nach G, S, Vg; H: mir.

⁶ Ihr Berge, was hüpft ihr wie Widder,
  und ihr Hügel, wie junge Lämmer?
⁷ Vor dem Herrn erbebe, du Erde,
  vor dem Antlitz des Gottes Jakobs,
⁸ der den Fels zur Wasserflut wandelt
  und Kieselgestein zu quellendem Wasser.

Der Gott Israels und die Götter der anderen Völker

115 Nicht uns, o Herr, bring zu Ehren, /
  nicht uns, sondern deinen Namen,
  in deiner Huld und Treue!
² Warum sollen die Völker sagen:
  »Wo ist denn ihr Gott?«
³ Unser Gott ist im Himmel;
  alles, was ihm gefällt, das vollbringt er.

⁴ Die Götzen der Völker sind nur Silber und Gold,
  ein Machwerk von Menschenhand.
⁵ Sie haben einen Mund und reden nicht,
  Augen und sehen nicht;
⁶ sie haben Ohren und hören nicht,
  eine Nase und riechen nicht;
⁷ mit ihren Händen können sie nicht greifen, /
  mit den Füßen nicht gehen,
  sie bringen keinen Laut hervor aus ihrer Kehle.
⁸ Die sie gemacht haben,
  sollen ihrem Machwerk gleichen,
  alle, die den Götzen vertrauen.

115,4a Wörtlich: Ihre Götzen sind nur Silber und Gold.

⁹ Israel, vertrau auf den Herrn!
    Er ist für euch Helfer und Schild.
¹⁰ Haus Aaron, vertrau auf den Herrn!
    Er ist für euch Helfer und Schild.
¹¹ Alle, die ihr den Herrn fürchtet,
  vertraut auf den Herrn!
    Er ist für euch Helfer und Schild.

¹² Der Herr denkt an uns, er wird uns segnen, /
  er wird das Haus Israel segnen,
    er wird das Haus Aaron segnen.
¹³ Der Herr wird alle segnen, die ihn fürchten,
    segnen Kleine und Große.
¹⁴ Es mehre euch der Herr,
    euch und eure Kinder.
¹⁵ Seid gesegnet vom Herrn,
    der Himmel und Erde gemacht hat.

¹⁶ Der Himmel ist der Himmel des Herrn,
    die Erde aber gab er den Menschen.
¹⁷ Tote können den Herrn nicht mehr loben,
    keiner, der ins Schweigen hinabfuhr.
¹⁸ Wir aber preisen den Herrn
    von nun an bis in Ewigkeit.
    Halleluja!

    Der Dank für Rettung aus Todesnot

116 Ich liebe den Herrn;
        denn er hat mein lautes Flehen gehört

² und sein Ohr mir zugeneigt
       an dem Tag, als ich zu ihm rief.

³ Mich umfingen die Fesseln des Todes, /
   mich befielen die Ängste der Unterwelt,
       mich trafen Bedrängnis und Kummer.

⁴ Da rief ich den Namen des Herrn an:
       »Ach Herr, rette mein Leben!«

⁵ Der Herr ist gnädig und gerecht,
       unser Gott ist barmherzig.

⁶ Der Herr behütet die schlichten Herzen;
       ich war in Not, und er brachte mir Hilfe.

⁷ Komm wieder zur Ruhe, mein Herz!
       Denn der Herr hat dir Gutes getan.

⁸ Ja, du hast mein Leben dem Tod entrissen, /
   meine Tränen (getrocknet),
       meinen Fuß (bewahrt vor) dem Gleiten.

⁹ So gehe ich meinen Weg vor dem Herrn
       im Land der Lebenden.

Ein Lied zum Dankopfer

¹⁰ Voll Vertrauen war ich, auch wenn ich sagte:
       Ich bin so tief gebeugt.

¹¹ In meiner Bestürzung sagte ich:
       Die Menschen lügen alle.

¹² Wie kann ich dem Herrn all das vergelten,
       was er mir Gutes getan hat?

116,2b an dem Tag: H: in meinen Tagen (im Sinn von: mein Leben lang).

¹³ Ich will den Kelch des Heils erheben
   und anrufen den Namen des Herrn.
¹⁴ Ich will dem Herrn meine Gelübde erfüllen
   offen vor seinem ganzen Volk.

¹⁵ Kostbar ist in den Augen des Herrn
   das Sterben seiner Frommen.
¹⁶ Ach Herr, ich bin doch dein Knecht, /
   dein Knecht bin ich, der Sohn deiner Magd.
   Du hast meine Fesseln gelöst.

¹⁷ Ich will dir ein Opfer des Dankes bringen
   und anrufen den Namen des Herrn.
¹⁸ Ich will dem Herrn meine Gelübde erfüllen
   offen vor seinem ganzen Volk,
¹⁹ in den Vorhöfen am Hause des Herrn,
   in deiner Mitte, Jerusalem.
   Halleluja!

Aufruf an alle Völker zum Lob Gottes

117 Lobet den Herrn, alle Völker,
preist ihn, alle Nationen!
² Denn mächtig waltet über uns seine Huld,
   die Treue des Herrn währt in Ewigkeit.
   Halleluja!

Eine Dankliturgie

118 Danket dem Herrn, denn er ist gütig,
denn seine Huld währt ewig.

² So soll Israel sagen:
  Denn seine Huld währt ewig.
³ So soll das Haus Aaron sagen:
  Denn seine Huld währt ewig.
⁴ So sollen alle sagen, die den Herrn fürchten
und ehren:
  Denn seine Huld währt ewig.

⁵ In der Bedrängnis rief ich zum Herrn;
  der Herr hat mich erhört und mich frei gemacht.
⁶ Der Herr ist bei mir, ich fürchte mich nicht.
  Was können Menschen mir antun?
⁷ Der Herr ist bei mir, er ist mein Helfer;
  ich aber schaue auf meine Hasser herab.
⁸ Besser, sich zu bergen beim Herrn,
  als auf Menschen zu bauen.
⁹ Besser, sich zu bergen beim Herrn,
  als auf Fürsten zu bauen.

¹⁰ Alle Völker umringen mich;
  ich wehre sie ab im Namen des Herrn.
¹¹ Sie umringen, ja, sie umringen mich;
  ich wehre sie ab im Namen des Herrn.
¹² Sie umschwirren mich wie Bienen, /
  wie ein Strohfeuer verlöschen sie;
  ich wehre sie ab im Namen des Herrn.
¹³ Sie stießen mich hart, sie wollten mich stürzen;
  der Herr aber hat mir geholfen.
¹⁴ Meine Stärke und mein Lied ist der Herr;
  er ist für mich zum Retter geworden.

118,14a Text korr.; »mein« ist ergänzt.

¹⁵ Frohlocken und Jubel erschallt
   in den Zelten der Gerechten:
      »Die Rechte des Herrn wirkt mit Macht!
¹⁶ Die Rechte des Herrn ist erhoben,
      die Rechte des Herrn wirkt mit Macht!«
¹⁷ Ich werde nicht sterben, sondern leben,
      um die Taten des Herrn zu verkünden.
¹⁸ Der Herr hat mich hart gezüchtigt,
      doch er hat mich nicht dem Tod übergeben.
¹⁹ Öffnet mir die Tore zur Gerechtigkeit,
      damit ich eintrete, um dem Herrn zu danken.
²⁰ Das ist das Tor zum Herrn,
      nur Gerechte treten hier ein.
²¹ Ich danke dir, daß du mich erhört hast;
      du bist für mich zum Retter geworden.
²² Der Stein, den die Bauleute verwarfen,
      er ist zum Eckstein geworden.
²³ Das hat der Herr vollbracht,
      vor unseren Augen geschah dieses Wunder.
²⁴ Dies ist der Tag, den der Herr gemacht hat;
      wir wollen jubeln und uns an ihm freuen.

²⁵ Ach, Herr, bring doch Hilfe!
      Ach, Herr, gib doch Gelingen!

²⁶ Gesegnet sei er, der kommt im Namen des Herrn. /
      Wir segnen euch, vom Haus des Herrn her.
²⁷   Gott, der Herr, erleuchte uns.
      Mit Zweigen in den Händen /

118,27 Nach G.

schließt euch zusammen zum Reigen,
    bis zu den Hörnern des Altars!
28 Du bist mein Gott, dir will ich danken;
    mein Gott, dich will ich rühmen.

29 Danket dem Herrn, denn er ist gütig,
    denn seine Huld währt ewig.

Ein Lobgesang auf Gottes Wort

119 (Alef)
Wohl denen, deren Weg ohne Tadel ist,
    die leben nach der Weisung des Herrn.
2 Wohl denen, die seine Vorschriften befolgen
    und ihn suchen von ganzem Herzen,
3 die kein Unrecht tun
    und auf seinen Wegen gehen.
4 Du hast deine Befehle gegeben,
    damit man sie genau beachtet.
5 Wären doch meine Schritte fest darauf
gerichtet,
    deinen Gesetzen zu folgen!
6 Dann werde ich niemals scheitern,
    wenn ich auf all deine Gebote schaue.
7 Mit lauterem Herzen will ich dir danken,
    wenn ich deine gerechten Urteile lerne.
8 Deinen Gesetzen will ich immer folgen.
    Laß mich doch niemals im Stich!

(Bet)

⁹ Wie geht ein junger Mann seinen Pfad
   ohne Tadel?
          Wenn er sich hält an dein Wort.
¹⁰ Ich suche dich von ganzem Herzen.
          Laß mich nicht abirren von deinen Geboten!
¹¹ Ich berge deinen Spruch im Herzen,
          damit ich gegen dich nicht sündige.
¹² Gepriesen seist du, Herr.
          Lehre mich deine Gesetze!
¹³ Mit meinen Lippen verkünde ich
          alle Urteile deines Mundes.
¹⁴ Nach deinen Vorschriften zu leben
          freut mich mehr als großer Besitz.
¹⁵ Ich will nachsinnen über deine Befehle
          und auf deine Pfade schauen.
¹⁶ Ich habe meine Freude an deinen Gesetzen,
          dein Wort will ich nicht vergessen.

(Gimel)

¹⁷ Tu deinem Knecht Gutes, erhalt mich am Leben!
          Dann will ich dein Wort befolgen.
¹⁸ Öffne mir die Augen
          für das Wunderbare an deiner Weisung!
¹⁹ Ich bin nur Gast auf Erden.
          Verbirg mir nicht deine Gebote!
²⁰ In Sehnsucht nach deinem Urteil
          verzehrt sich allezeit meine Seele.
²¹ Du drohst den Stolzen.

119,18a Wörtlich: Öffne mir die Augen, damit ich sehe.

Verflucht sei, wer abirrt von deinen Geboten.
22 Nimm von mir Schmach und Verachtung!
     Denn was du vorschreibst, befolge ich.
23 Wenn auch Fürsten gegen mich beraten:
     dein Knecht sinnt nach über deine Gesetze.
24 Deine Vorschriften machen mich froh;
     sie sind meine Berater.

(Dalet)
25 Meine Seele klebt am Boden.
     Durch dein Wort belebe mich!
26 Ich habe dir mein Geschick erzählt,
und du erhörtest mich.
     Lehre mich deine Gesetze!
27 Laß mich den Weg begreifen,
den deine Befehle mir zeigen,
     dann will ich nachsinnen über deine Wunder.
28 Meine Seele zerfließt vor Kummer.
     Richte mich auf durch dein Wort!
29 Halte mich fern vom Weg der Lüge;
     begnade mich mit deiner Weisung!
30 Ich wählte den Weg der Wahrheit;
     nach deinen Urteilen hab' ich Verlangen.
31 Ich halte an deinen Vorschriften fest.
     Herr, laß mich niemals scheitern!
32 Ich eile voran auf dem Weg deiner Gebote,
     denn mein Herz machst du weit.

119,25a Wörtlich: klebt am Staub.
119,25b Text korr. mit einigen Handschriften; H: gemäß deinem Wort.

(He)

33 Herr, weise mir den Weg deiner Gesetze!
   Ich will ihn einhalten bis ans Ende.

34 Gib mir Einsicht, damit ich deiner Weisung folge
   und mich an sie halte aus ganzem Herzen.

35 Führe mich auf dem Pfad deiner Gebote!
   Ich habe an ihm Gefallen.

36 Deinen Vorschriften neige mein Herz zu,
   doch nicht der Habgier!

37 Wende meine Augen ab von eitlen Dingen;
   durch dein Wort belebe mich!

38 Erfülle deinem Knecht die Verheißung,
   die allen gilt, die dich fürchten und ehren.

39 Wende die Schande ab, vor der mir graut;
   denn deine Entscheide sind gut.

40 Nach deinen Befehlen hab' ich Verlangen.
   Gib mir neue Kraft durch deine Gerechtigkeit!

(Waw)

41 Herr, deine Huld komme auf mich herab
   und deine Hilfe, wie du es verheißen hast.

42 Dann kann ich dem, der mich schmäht, erwidern;
   denn ich vertraue auf dein Wort.

43 Entziehe meinem Mund nicht das Wort
   der Wahrheit!
   Ich hoffe so sehr auf deine Entscheide.

44 Ich will deiner Weisung beständig folgen,
   auf immer und ewig.

45 Dann schreite ich aus auf freier Bahn;

119,37b durch dein Wort: Text korr.; H: durch deine Wege.

denn ich frage nach deinen Befehlen.
46 Deine Gebote will ich vor Königen bezeugen
    und mich nicht vor ihnen schämen.
47 An deinen Geboten habe ich meine Freude,
    ich liebe sie von Herzen.
48 Ich erhebe meine Hände zu deinen Geboten;
    nachsinnen will ich über deine Gesetze.

(Sajin)
49 Denk an das Wort für deinen Knecht,
    durch das du mir Hoffnung gabst.
50 Das ist mein Trost im Elend:
    Deine Verheißung spendet mir Leben.
51 Frech verhöhnen mich die Stolzen;
    ich aber weiche nicht ab von deiner Weisung.
52 Denke ich an deine Urteile seit alter Zeit,
    Herr, dann bin ich getröstet.
53 Zorn packt mich wegen der Frevler,
    weil sie deine Weisung mißachten.
54 Zum Lobgesang wurden mir deine Gesetze
    im Haus meiner Pilgerschaft.
55 In der Nacht denke ich, Herr, an deinen Namen;
    ich will deine Weisung beachten.
56 Deine Befehle zu befolgen
    ist das Glück, das mir zufiel.

(Chet)
57 Mein Anteil ist der Herr;
    ich habe versprochen, dein Wort zu beachten.

119,47b von Herzen: ergänzt aus G.
119,48a H fügt hinzu: die ich liebe.

⁵⁸ Ich suche deine Gunst von ganzem Herzen.
    Sei mir gnädig nach deiner Verheißung!
⁵⁹ Ich überdenke meine Wege,
    zu deinen Vorschriften lenke ich meine Schritte.
⁶⁰ Ich eile und säume nicht,
    deine Gebote zu halten.
⁶¹ Auch wenn mich die Stricke der Frevler fesseln,
    vergesse ich deine Weisung nicht.
⁶² Um Mitternacht stehe ich auf, um dich zu preisen
    wegen deiner gerechten Entscheide.
⁶³ Ich bin ein Freund all derer,
    die dich fürchten und ehren,
    und aller, die deine Befehle befolgen.
⁶⁴ Von deiner Güte, Herr, ist die Erde erfüllt.
    Lehre mich deine Gesetze!

(Tet)
⁶⁵ Du hast deinem Knecht Gutes erwiesen,
    o Herr, nach deinem Wort.
⁶⁶ Lehre mich Erkenntnis und rechtes Urteil!
    Ich vertraue auf deine Gebote.
⁶⁷ Ehe ich gedemütigt wurde,
    ging mein Weg in die Irre;
    nun aber halte ich mich an deine Verheißung.
⁶⁸ Du bist gut und wirkst Gutes.
    Lehre mich deine Gesetze!
⁶⁹ Stolze verbreiten über mich Lügen,
    ich aber halte mich von ganzem Herzen
    an deine Befehle.

119,66a H fügt vor »Erkenntnis« ein: Gutes.

⁷⁰ Abgestumpft und satt ist ihr Herz,
    ich aber ergötze mich an deiner Weisung.
⁷¹ Daß ich gedemütigt wurde, war für mich gut;
    denn so lernte ich deine Gesetze.
⁷² Die Weisung deines Mundes ist mir lieb,
    mehr als große Mengen von Gold und Silber.

(Jod)
⁷³ Deine Hände haben mich gemacht und geformt.
    Gib mir Einsicht, damit ich deine Gebote lerne.
⁷⁴ Wer dich fürchtet, wird mich sehen und sich freuen;
    denn ich warte auf dein Wort.
⁷⁵ Herr, ich weiß, daß deine Entscheide gerecht sind;
    du hast mich gebeugt,
    weil du treu für mich sorgst.
⁷⁶ Tröste mich in deiner Huld,
    wie du es deinem Knecht verheißen hast.
⁷⁷ Dein Erbarmen komme über mich, damit ich lebe;
    denn deine Weisung macht mich froh.
⁷⁸ Schande über die Stolzen,
    die mich zu Unrecht bedrücken!
    Ich aber sinne nach über deine Befehle.
⁷⁹ Mir sollen sich alle zuwenden,
    die dich fürchten und ehren
    und die deine Vorschriften kennen.
⁸⁰ Mein Herz richte sich ganz nach deinen Gesetzen;
    dann werde ich nicht zuschanden.

(Kaf)
⁸¹ Nach deiner Hilfe sehnt sich meine Seele;
    ich warte auf dein Wort.

⁸² Meine Augen sehnen sich nach deiner Verheißung,
    sie fragen: Wann wirst du mich trösten?
⁸³ Ich bin wie ein Schlauch voller Risse,
    doch deine Gesetze habe ich nicht vergessen.
⁸⁴ Wie viele Tage noch bleiben deinem Knecht?
    Wann wirst du meine Verfolger richten?
⁸⁵ Stolze stellen mir Fallen,
    sie handeln nicht nach deiner Weisung.
⁸⁶ Zuverlässig sind all deine Gebote.
    Zu Unrecht verfolgt man mich.
    Komm mir zu Hilfe!
⁸⁷ Fast hätte man mich von der Erde ausgetilgt;
    dennoch halte ich fest an deinen Befehlen.
⁸⁸ In deiner großen Huld laß mich leben,
    und ich will beachten,
    was dein Mund mir gebietet.

(Lamed)
⁸⁹ Herr, dein Wort bleibt auf ewig,
    es steht fest wie der Himmel.
⁹⁰ Deine Treue währt von Geschlecht zu Geschlecht;
    du hast die Erde gegründet, sie bleibt bestehen.
⁹¹ Nach deiner Ordnung bestehen sie bis heute,
    und dir ist alles dienstbar.
⁹² Wäre nicht dein Gesetz meine Freude,
    ich wäre zugrunde gegangen in meinem Elend.
⁹³ Nie will ich deine Befehle vergessen;
    denn durch sie schenkst du mir Leben.
⁹⁴ Ich bin dein, errette mich!

119,83a Text korr.; H: Ich bin wie ein Schlauch im Rauch.

Ich frage nach deinen Befehlen.
95 Frevler lauern mir auf, um mich zu vernichten;
    doch mein Sinn achtet auf das, was du gebietest.
96 Ich sah, daß alles Vollkommene Grenzen hat;
    doch dein Gebot kennt keine Schranken.

(Mem)
97 Wie lieb ist mir deine Weisung;
    ich sinne über sie nach den ganzen Tag.
98 Dein Gebot macht mich weiser als all meine Feinde;
    denn immer ist es mir nahe.
99 Ich wurde klüger als all meine Lehrer;
    denn über deine Vorschriften sinne ich nach.
100 Mehr Einsicht habe ich als die Alten;
    denn ich beachte deine Befehle.
101 Von jedem bösen Weg
    halte ich meinen Fuß zurück;
    denn ich will dein Wort befolgen.
102 Ich weiche nicht ab von deinen Entscheiden,
    du hast mich ja selbst unterwiesen.
103 Wie köstlich ist für meinen Gaumen
    deine Verheißung,
    süßer als Honig für meinen Mund.
104 Aus deinen Befehlen gewinne ich Einsicht,
    darum hasse ich alle Pfade der Lüge.

(Nun)
105 Dein Wort ist meinem Fuß eine Leuchte,
    ein Licht für meine Pfade.
106 Ich tat einen Schwur, und ich will ihn halten:
    Ich will deinen gerechten Entscheidungen folgen.

¹⁰⁷ Herr, ganz tief bin ich gebeugt.
  Durch dein Wort belebe mich!
¹⁰⁸ Herr, nimm mein Lobopfer gnädig an,
  und lehre mich deine Entscheide!
¹⁰⁹ Mein Leben ist ständig in Gefahr,
  doch ich vergesse nie deine Weisung.
¹¹⁰ Frevler legen mir Schlingen,
  aber ich irre nicht ab von deinen Befehlen.
¹¹¹ Deine Vorschriften sind auf ewig mein Erbteil;
  denn sie sind die Freude meines Herzens.
¹¹² Mein Herz ist bereit, dein Gesetz zu erfüllen
  bis ans Ende und ewig.

(Samech)
¹¹³ Zwiespältige Menschen sind mir von Grund auf
  verhaßt,
    doch dein Gesetz ist mir lieb.
¹¹⁴ Du bist mein Schutz und mein Schild,
  ich warte auf dein Wort.
¹¹⁵ Weicht zurück von mir, ihr Bösen!
  Ich will die Gebote meines Gottes befolgen.
¹¹⁶ Stütze mich, damit ich lebe,
  wie du es verheißen hast.
    Laß mich in meiner Hoffnung nicht scheitern!
¹¹⁷ Gib mir Halt, dann finde ich Rettung;
  immer will ich auf deine Gesetze schauen.
¹¹⁸ Alle, die sich von deinen Gesetzen entfernen,
  verwirfst du;
    denn ihr Sinnen und Trachten ist Lüge.

119,107b Text korr., vgl. V. 25b.
119,109a Wörtlich: Mein Leben halte ich ständig in der Hand.

¹¹⁹ Alle Frevler im Land sind für dich wie
     Schlacken,
         darum liebe ich, was du gebietest.
¹²⁰ Aus Ehrfurcht vor dir erschauert mein Leib,
         vor deinen Urteilen empfinde ich heilige Scheu.

(Ajin)
¹²¹ Ich tue, was recht und gerecht ist.
         Gib mich meinen Bedrückern nicht preis!
¹²² Verbürg dich für das Wohl deines Knechtes,
         damit die Stolzen mich nicht unterdrücken.
¹²³ Meine Augen sehnen sich nach deiner Hilfe,
         nach deiner gerechten Verheißung.
¹²⁴ Handle an deinem Knecht nach deiner Huld,
         und lehre mich deine Gesetze!
¹²⁵ Ich bin dein Knecht. Gib mir Einsicht,
         damit ich verstehe, was du gebietest.
¹²⁶ Herr, es ist Zeit zu handeln;
         man hat dein Gesetz gebrochen.
¹²⁷ Darum liebe ich deine Gebote
         mehr als Rotgold und Weißgold.
¹²⁸ Darum lebe ich genau nach deinen Befehlen;
         ich hasse alle Pfade der Lüge.

(Pe)
¹²⁹ Deine Vorschriften sind der Bewunderung wert;
         darum bewahrt sie mein Herz.

119,119a sind für dich wie Schlacken: so nach mehreren alten Übersetzungen; H und andere Übersetzungen: schaffst du fort wie Schlak-
ken.
  119,128a Text geringfügig korr.

¹³⁰ Die Erklärung deiner Worte bringt Erleuchtung,
    den Unerfahrenen schenkt sie Einsicht.
¹³¹ Weit öffne ich meinen Mund /
    und lechze nach deinen Geboten;
        denn nach ihnen hab' ich Verlangen.
¹³² Wende dich mir zu, sei mir gnädig,
        wie es denen gebührt, die deinen Namen lieben.
¹³³ Festige meine Schritte, wie du es verheißen hast.
        Laß kein Unrecht über mich herrschen!
¹³⁴ Erlöse mich aus der Gewalt der Menschen;
        dann will ich deine Befehle halten.
¹³⁵ Laß dein Angesicht leuchten über deinem Knecht,
        und lehre mich deine Gesetze!
¹³⁶ Tränenbäche strömen aus meinen Augen,
        weil man dein Gesetz nicht befolgt.

(Zade)
¹³⁷ Herr, du bist gerecht,
        und deine Entscheide sind richtig.
¹³⁸ Du hast deine Vorschriften erlassen
    in Gerechtigkeit
        und in großer Treue.
¹³⁹ Der Eifer für dich verzehrt mich;
        denn meine Gegner vergessen deine Worte.
¹⁴⁰ Deine Worte sind rein und lauter;
        dein Knecht hat sie lieb.
¹⁴¹ Ich bin gering und verachtet,
        doch ich vergesse nie deine Befehle.
¹⁴² Deine Gerechtigkeit bleibt ewig Gerechtigkeit,
        deine Weisung ist Wahrheit.

¹⁴³ Mich trafen Not und Bedrängnis,
    doch deine Gebote machen mich froh.
¹⁴⁴ Deine Vorschriften sind auf ewig gerecht.
    Gib mir Einsicht, damit ich lebe.

(Qof)
¹⁴⁵ Erhöre mich, Herr, ich rufe von ganzem Herzen;
    deine Gesetze will ich halten.
¹⁴⁶ Ich rufe zu dir; errette mich,
    dann will ich deinen Vorschriften folgen.
¹⁴⁷ Schon beim Morgengrauen komme ich und flehe;
    ich warte auf dein Wort.
¹⁴⁸ Meine Augen eilen den Nachtwachen voraus;
    denn ich sinne nach über deine Verheißung.
¹⁴⁹ Höre auf meine Stimme in deiner Huld;
    belebe mich, Herr, durch deine Entscheide!
¹⁵⁰ Mir nähern sich tückische Verfolger;
    sie haben sich weit von deiner Weisung entfernt.
¹⁵¹ Doch du bist nahe, Herr,
    und alle deine Gebote sind Wahrheit.
¹⁵² Aus deinen Vorschriften weiß ich seit langem,
    daß du sie für ewig bestimmt hast.

(Resch)
¹⁵³ Sieh mein Elend an, und rette mich;
    denn ich habe deine Weisung nicht vergessen.
¹⁵⁴ Verschaff mir Recht, und erlöse mich;
    nach deiner Weisung erhalte mein Leben!
¹⁵⁵ Fern bleibt den Frevlern das Heil;
    denn sie fragen nicht nach deinen Gesetzen.
¹⁵⁶ Herr, groß ist dein Erbarmen;
    durch deine Entscheide belebe mich!

[157] Viele verfolgen und quälen mich,
    doch von deinen Vorschriften weich' ich nicht ab.
[158] Wenn ich Abtrünnige sehe, empfinde ich Abscheu,
    weil sie dein Wort nicht befolgen.
[159] Sieh an, wie sehr ich deine Vorschriften liebe;
    Herr, in deiner Huld belebe mich!
[160] Das Wesen deines Wortes ist Wahrheit,
    deine gerechten Urteile haben alle
    auf ewig Bestand.

(Schin)

[161] Fürsten verfolgen mich ohne Grund,
    doch mein Herz fürchtet nur dein Wort.
[162] Ich freue mich über deine Verheißung
    wie einer, der reiche Beute gemacht hat.
[163] Ich hasse die Lüge, sie ist mir ein Greuel,
    doch deine Weisung habe ich lieb.
[164] Siebenmal am Tag singe ich dein Lob
    wegen deiner gerechten Entscheide.
[165] Alle, die deine Weisung lieben,
    empfangen Heil in Fülle;
    es trifft sie kein Unheil.
[166] Herr, ich hoffe auf deine Hilfe
    und befolge deine Gebote.
[167] Meine Seele beachtet, was du gebietest,
    und liebt es von Herzen.
[168] Ich folge deinen Vorschriften und Befehlen;
    denn alle meine Wege (liegen offen) vor dir.

(Taw)

[169] Herr, zu dir dringe mein Rufen.
    Gib mir Einsicht, getreu deinem Wort!

¹⁷⁰ Mein Flehen komme vor dein Angesicht.
    Reiß mich heraus getreu deiner Verheißung!
¹⁷¹ Meine Lippen sollen überströmen von Lobpreis;
    denn du lehrst mich deine Gesetze.
¹⁷² Meine Zunge soll deine Verheißung besingen;
    denn deine Gebote sind alle gerecht.
¹⁷³ Deine Hand sei bereit, mir zu helfen;
    denn ich habe mir deine Befehle erwählt.
¹⁷⁴ Ich sehne mich, Herr, nach deiner Hilfe,
    und deine Weisung macht mich froh.
¹⁷⁵ Laß meine Seele leben,
  damit sie dich preisen kann.
    Deine Entscheidungen mögen mir helfen.
¹⁷⁶ Ich bin verirrt wie ein verlorenes Schaf. /
  Suche deinen Knecht!
    Denn deine Gebote habe ich nicht vergessen.

Ein Hilferuf gegen Verleumder

120 [Ein Wallfahrtslied.]
Ich rief zum Herrn in meiner Not,
  und er hat mich erhört.
² Herr, rette mein Leben vor Lügnern,
    rette es vor falschen Zungen!
³ Was soll er dir tun, was alles dir antun,
    du falsche Zunge?
⁴ Scharfe Pfeile von Kriegerhand
    und glühende Ginsterkohlen dazu.

120,4b Vorschlag für die Psalmodie: und glühende Kohlen dazu.

⁵ Weh mir, daß ich als Fremder in Meschech bin
    und bei den Zelten von Kedar wohnen muß!
⁶ Ich muß schon allzu lange wohnen
    bei Leuten, die den Frieden hassen.
⁷ Ich verhalte mich friedlich;
    doch ich brauche nur zu reden,
    dann suchen sie Hader und Streit.

Der Wächter Israels

121 [Ein Wallfahrtslied.]
Ich hebe meine Augen auf zu den Bergen:
    Woher kommt mir Hilfe?
² Meine Hilfe kommt vom Herrn,
    der Himmel und Erde gemacht hat.

³ Er läßt deinen Fuß nicht wanken;
    er, der dich behütet, schläft nicht.
⁴ Nein, der Hüter Israels
    schläft und schlummert nicht.
⁵ Der Herr ist dein Hüter, der Herr gibt dir Schatten;
    er steht dir zur Seite.
⁶ Bei Tag wird dir die Sonne nicht schaden
    noch der Mond in der Nacht.

⁷ Der Herr behüte dich vor allem Bösen,
    er behüte dein Leben.
⁸ Der Herr behüte dich, wenn du fortgehst
    und wiederkommst,
        von nun an bis in Ewigkeit.

120,7a Text korr.; H: Ich (bin) Friede.

Ein Lied zur Wallfahrt nach Jerusalem

122 [Ein Wallfahrtslied Davids.]
Ich freute mich, als man mir sagte:
»Zum Haus des Herrn wollen wir pilgern.«
² Schon stehen wir in deinen Toren, Jerusalem: /
³ Jerusalem, du starke Stadt,
dicht gebaut und fest gefügt.
⁴ Dorthin ziehen die Stämme hinauf, die Stämme
des Herrn, /
wie es Israel geboten ist,
den Namen des Herrn zu preisen.
⁵ Denn dort stehen Throne bereit für das Gericht,
die Throne des Hauses David.

⁶ Erbittet für Jerusalem Frieden!
Wer dich liebt, sei in dir geborgen.
⁷ Friede wohne in deinen Mauern,
in deinen Häusern Geborgenheit.
⁸ Wegen meiner Brüder und Freunde
will ich sagen: In dir sei Friede.
⁹ Wegen des Hauses des Herrn, unseres Gottes,
will ich dir Glück erflehen.

Aufblick zu Gott

123 [Ein Wallfahrtslied.]
Ich erhebe meine Augen zu dir,
der du hoch im Himmel thronst.

122,2 Wörtlich: Schon stehen unsere Füße in deinen Toren.
122,7b Wörtlich: in seinen Palästen Geborgenheit.

² Wie die Augen der Knechte
auf die Hand ihres Herrn,
    wie die Augen der Magd
    auf die Hand ihrer Herrin,
so schauen unsre Augen auf den Herrn,
unsern Gott,
    bis er uns gnädig ist.

³ Sei uns gnädig, Herr, sei uns gnädig!
    Denn übersatt sind wir vom Hohn der Spötter,
⁴ übersatt ist unsre Seele von ihrem Spott,
    von der Verachtung der Stolzen.

Israels Dank für die Befreiung

124 [Ein Wallfahrtslied Davids.]
Hätte sich nicht der Herr für uns eingesetzt
– so soll Israel sagen –,
² hätte sich nicht der Herr für uns eingesetzt,
    als sich gegen uns Menschen erhoben,
³ dann hätten sie uns lebendig verschlungen,
    als gegen uns ihr Zorn entbrannt war.
⁴ Dann hätten die Wasser uns weggespült,
    hätte sich über uns ein Wildbach ergossen.
⁵ Dann hätten sich über uns die Wasser ergossen,
    die wilden und wogenden Wasser.

⁶ Gelobt sei der Herr,
    der uns nicht ihren Zähnen als Beute überließ.

123,4a Wörtlich: übersatt ist unsere Seele vom Spott der Übermütigen.

⁷ Unsre Seele ist wie ein Vogel
   dem Netz des Jägers entkommen;
      das Netz ist zerrissen, und wir sind frei.
⁸ Unsre Hilfe steht im Namen des Herrn,
   der Himmel und Erde gemacht hat.

     Gott, der Beschützer seines Volkes

125
[Ein Wallfahrtslied.]
Wer auf den Herrn vertraut, steht fest
wie der Zionsberg,
   der niemals wankt, der ewig bleibt.
² Wie Berge Jerusalem rings umgeben,
   so ist der Herr um sein Volk,
   von nun an auf ewig.

³ Das Zepter des Frevlers soll nicht auf dem Erbland
  der Gerechten lasten,
    damit die Hand der Gerechten
    nicht nach Unrecht greift.

⁴ Herr, tu Gutes den Guten,
   den Menschen mit redlichem Herzen!
⁵ Doch wer auf krumme Wege abbiegt, /
   den jage, Herr, samt den Frevlern davon!
    Frieden über Israel!

124,8a In vielen Gebeten der katholischen Liturgie ist die herkömmliche Übersetzung gebräuchlich: Unsere Hilfe ist im Namen des Herrn.

125,3bc Wörtlich: damit nicht auch die Gerechten ihre Hände nach Unrecht ausstrecken.

125,5a Text korr.; H: auf ihre krummen Wege.

Tränen und Jubel

126 [Ein Wallfahrtslied.]
Als der Herr das Los der Gefangenschaft
Zions wendete,
   da waren wir alle wie Träumende.
² Da war unser Mund voll Lachen
   und unsere Zunge voll Jubel.
Da sagte man unter den andern Völkern:
   »Der Herr hat an ihnen Großes getan.«
³ Ja, Großes hat der Herr an uns getan.
   Da waren wir fröhlich.

⁴ Wende doch, Herr, unser Geschick,
   wie du versiegte Bäche
   wieder füllst im Südland.
⁵ Die mit Tränen säen,
   werden mit Jubel ernten.
⁶ Sie gehen hin unter Tränen
   und tragen den Samen zur Aussaat.
Sie kommen wieder mit Jubel
   und bringen ihre Garben ein.

Die Mühe des Menschen und der Segen Gottes

127 [Ein Wallfahrtslied Salomos.]
Wenn nicht der Herr das Haus baut,
   müht sich jeder umsonst, der daran baut.
Wenn nicht der Herr die Stadt bewacht,
   wacht der Wächter umsonst.

2 Es ist umsonst, daß ihr früh aufsteht
   und euch spät erst niedersetzt,
um das Brot der Mühsal zu essen;
   denn der Herr gibt es den Seinen im Schlaf.

3 Kinder sind eine Gabe des Herrn,
   die Frucht des Leibes ist sein Geschenk.
4 Wie Pfeile in der Hand des Kriegers,
   so sind Söhne aus den Jahren der Jugend.
5 Wohl dem Mann, der mit ihnen
   den Köcher gefüllt hat!
      Beim Rechtsstreit mit ihren Feinden
      scheitern sie nicht.

Haussegen

128 [Ein Wallfahrtslied.]
Wohl dem Mann,
   der den Herrn fürchtet und ehrt
   und der auf seinen Wegen geht!
2 Was deine Hände erwarben,
   kannst du genießen;
      wohl dir, es wird dir gut ergehn.
3 Wie ein fruchtbarer Weinstock ist deine Frau
   drinnen in deinem Haus.

127,2d den Seinen: Text korr.; H: seinem Geliebten; andere Übersetzungsmöglichkeit: zu Recht gibt der Herr den Seinen den Schlaf.

127,5b Beim Rechtsstreit mit ihren Feinden, wörtlich: Wenn sie reden mit Feinden im Tor.

128,2a kannst du genießen: so mit G; H: fürwahr, du kannst es genießen.

Wie junge Ölbäume sind deine Kinder
    rings um deinen Tisch.
4 So wird der Mann gesegnet,
    der den Herrn fürchtet und ehrt.

5 Es segne dich der Herr vom Zion her.
    Du sollst dein Leben lang
    das Glück Jerusalems schauen
6 und die Kinder deiner Kinder sehen.
    Frieden über Israel!

Hoffnung in der Bedrängnis

129 [Ein Wallfahrtslied.]
Sie haben mich oft bedrängt
von Jugend auf,
    – so soll Israel sagen –,
2 sie haben mich oft bedrängt von Jugend auf,
    doch sie konnten mich nicht bezwingen.
3 Die Pflüger haben auf meinem Rücken gepflügt,
    ihre langen Furchen gezogen.

4 Doch der Herr ist gerecht,
    er hat die Stricke der Frevler zerhauen.

5 Beschämt sollen alle weichen,
    alle, die Zion hassen.
6 Sie sollen wie das Gras auf den Dächern sein,
    das verdorrt, noch bevor man es ausreißt.

129,1f Wörtlich: von meiner Jugend auf.

⁷ Kein Schnitter kann seine Hand damit füllen,
   kein Garbenbinder den Arm.
⁸ Keiner, der vorübergeht, wird sagen: /
   »Der Segen des Herrn sei mit euch.« –
      Wir aber segnen euch im Namen des Herrn.

Bitte in tiefer Not

130 [Ein Wallfahrtslied.]
Aus der Tiefe rufe ich, Herr, zu dir:
²   Herr, höre meine Stimme!
Wende dein Ohr mir zu,
   achte auf mein lautes Flehen!
³ Würdest du, Herr, unsere Sünden beachten,
   Herr, wer könnte bestehen?
⁴ Doch bei dir ist Vergebung,
   damit man in Ehrfurcht dir dient.

⁵ Ich hoffe auf den Herrn, es hofft meine Seele,
   ich warte voll Vertrauen auf sein Wort.
⁶ Meine Seele wartet auf den Herrn
   mehr als die Wächter auf den Morgen.
Mehr als die Wächter auf den Morgen
⁷   soll Israel harren auf den Herrn.

Denn beim Herrn ist die Huld,
   bei ihm ist Erlösung in Fülle.
⁸ Ja, er wird Israel erlösen
   von all seinen Sünden.

Der Frieden in Gott

131 [Ein Wallfahrtslied.]
Herr, mein Herz ist nicht stolz,
  nicht hochmütig blicken meine Augen.
Ich gehe nicht um mit Dingen,
  die mir zu wunderbar und zu hoch sind.

2 Ich ließ meine Seele ruhig werden und still;
  wie ein kleines Kind bei der Mutter
  ist meine Seele still in mir.

3 Israel, harre auf den Herrn
  von nun an bis in Ewigkeit!

Die Erwählung Davids und des Zion

132 [Ein Wallfahrtslied.]
O Herr, denk an David,
  denk an all seine Mühen,
2 wie er dem Herrn geschworen,
  dem starken Gott Jakobs gelobt hat:
3 »Nicht will ich mein Zelt betreten
  noch mich zur Ruhe betten,
4 nicht Schlaf den Augen gönnen
  noch Schlummer den Lidern,
5 bis ich eine Stätte finde für den Herrn,
  eine Wohnung für den starken Gott Jakobs.«

6 Wir hörten von seiner Lade in Efrata,
  fanden sie im Gefilde von Jáar.

132,6 von seiner Lade, wörtlich: von ihr.

⁷ Laßt uns hingehen zu seiner Wohnung
    und niederfallen vor dem Schemel seiner Füße!
⁸ Erheb dich, Herr, komm an den Ort deiner Ruhe,
    du und deine machtvolle Lade!
⁹ Deine Priester sollen sich bekleiden
  mit Gerechtigkeit,
    und deine Frommen sollen jubeln.
¹⁰ Weil David dein Knecht ist,
    weise deinen Gesalbten nicht ab!

¹¹ Der Herr hat David geschworen,
    einen Eid, den er niemals brechen wird:
    »Einen Sproß aus deinem Geschlecht
    will ich setzen auf deinen Thron.
¹² Wenn deine Söhne meinen Bund bewahren,
    mein Zeugnis, das ich sie lehre,
  dann sollen auch ihre Söhne
    auf deinem Thron sitzen für immer.«

¹³ Denn der Herr hat den Zion erwählt,
    ihn zu seinem Wohnsitz erkoren:
¹⁴ »Das ist für immer der Ort meiner Ruhe;
    hier will ich wohnen, ich hab' ihn erkoren.
¹⁵ Zions Nahrung will ich reichlich segnen,
    mit Brot seine Armen sättigen.
¹⁶ Seine Priester will ich bekleiden mit Heil,
    seine Frommen sollen jauchzen und jubeln.
¹⁷ Dort lasse ich Davids Macht erstarken
    und stelle für meinen Gesalbten ein Licht auf.

132,11c Wörtlich: (Einen) von deiner Leibesfrucht.
132,15 Zions Nahrung, wörtlich: Seine Nahrung.

¹⁸ Ich bedecke seine Feinde mit Schande;
       doch auf ihm erglänzt seine Krone.«

Ein Lob der brüderlichen Eintracht

133 [Ein Wallfahrtslied Davids.]
        Seht doch, wie gut und schön ist es,
            wenn Brüder miteinander in Eintracht wohnen.
² Das ist wie köstliches Salböl, /
    das vom Kopf hinabfließt auf den Bart,
    auf Aarons Bart,
        das auf sein Gewand hinabfließt.
³ Das ist wie der Tau des Hermon, /
    der auf den Berg Zion niederfällt.
        Denn dort spendet der Herr Segen
        und Leben in Ewigkeit.

Nächtliches Loblied im Tempel

134 [Ein Wallfahrtslied.]
        Wohlan, nun preiset den Herrn,
            all ihr Knechte des Herrn,
        die ihr steht im Hause des Herrn,
            zu nächtlicher Stunde.
² Erhebt eure Hände zum Heiligtum,
        und preiset den Herrn!
³ Es segne dich der Herr vom Zion her,
        (der Herr,) der Himmel und Erde gemacht hat.

133,2bc Andere Übersetzungsmöglichkeit: in den Bart Aarons, der
hinuntergeht bis zum Saum seines Gewandes.

Loblied auf Gottes Wirken
in Schöpfung und Geschichte

135 Halleluja!
Lobet den Namen des Herrn,
lobt ihn, ihr Knechte des Herrn,

² die ihr steht im Hause des Herrn,
in den Vorhöfen am Haus unsres Gottes.

³ Lobt den Herrn, denn der Herr ist gütig.
Singt und spielt seinem Namen,
denn er ist freundlich.

⁴ Der Herr hat sich Jakob erwählt,
Israel wurde sein Eigentum.

⁵ Ja, das weiß ich: Groß ist der Herr,
unser Herr ist größer als alle Götter.

⁶ Alles, was dem Herrn gefällt, vollbringt er,
im Himmel, auf der Erde,
in den Meeren, in allen Tiefen.

⁷ Er führt Wolken herauf vom Ende der Erde, /
er läßt es blitzen und regnen,
aus seinen Kammern
holt er den Sturmwind hervor.

⁸ Er erschlug Ägyptens Erstgeburt,
bei Menschen und beim Vieh.

⁹ Gegen dich, Ägypten, sandte er
Zeichen und Wunder,
gegen den Pharao und all seine Knechte.

135,9a Wörtlich: In deine Mitte, Ägypten.

¹⁰ Er schlug viele Völker nieder
     und tötete mächtige Könige:
¹¹ Sihon, den König der Amoriter, /
  Og, den König von Baschan,
     und alle Reiche Kanaans.
¹² Ihr Land gab er Israel zum Erbe,
     zum Erbe Israel, seinem Volk.

¹³ Herr, dein Name währt ewig,
     das Gedenken an dich, Herr,
     dauert von Geschlecht zu Geschlecht.
¹⁴ Denn der Herr verschafft Recht seinem Volk;
     er hat mit seinen Knechten Mitleid.

¹⁵ Die Götzen der Heiden sind nur Silber und Gold,
     ein Machwerk von Menschenhand.
¹⁶ Sie haben einen Mund und reden nicht,
     Augen und sehen nicht;
¹⁷ sie haben Ohren und hören nicht;
     auch ist kein Hauch in ihrem Mund.
¹⁸ Die sie gemacht haben,
  sollen ihrem Machwerk gleichen,
     alle, die den Götzen vertrauen.

¹⁹ Haus Israel, preise den Herrn!
     Haus Aaron, preise den Herrn!
²⁰ Haus Levi, preise den Herrn!
     Alle, die ihr den Herrn fürchtet,
     preist den Herrn!
²¹ Gepriesen sei der Herr auf Zion,
     er, der thront in Jerusalem.
     Halleluja!

Danklitanei für Gottes ewige Huld

136 Danket dem Herrn, denn er ist gütig,
denn seine Huld währt ewig!

2 Danket dem Gott aller Götter,
denn seine Huld währt ewig!

3 Danket dem Herrn aller Herren,
denn seine Huld währt ewig!

4 Der allein große Wunder tut,
denn seine Huld währt ewig,

5 der den Himmel geschaffen hat in Weisheit,
denn seine Huld währt ewig,

6 der die Erde über den Wassern gegründet hat,
denn seine Huld währt ewig,

7 der die großen Leuchten gemacht hat,
denn seine Huld währt ewig,

8 die Sonne zur Herrschaft über den Tag,
denn seine Huld währt ewig,

9 Mond und Sterne zur Herrschaft über die Nacht,
denn seine Huld währt ewig.

10 Der die Erstgeburt der Ägypter schlug,
denn seine Huld währt ewig,

11 und Israel herausführte aus ihrer Mitte,
denn seine Huld währt ewig,

12 mit starker Hand und erhobenem Arm,
denn seine Huld währt ewig,

13 der das Schilfmeer zerschnitt in zwei Teile,
denn seine Huld währt ewig,

¹⁴ und Israel hindurchführte zwischen den Wassern,
  denn seine Huld währt ewig,
¹⁵ und den Pharao ins Meer stürzte
 samt seinem Heer,
  denn seine Huld währt ewig.

¹⁶ Der sein Volk durch die Wüste führte,
  denn seine Huld währt ewig,
¹⁷ der große Könige schlug,
  denn seine Huld währt ewig,
¹⁸ und mächtige Könige tötete,
  denn seine Huld währt ewig,
¹⁹ Sihon, den König der Amoriter,
  denn seine Huld währt ewig,
²⁰ und Og, den König von Baschan,
  denn seine Huld währt ewig,
²¹ und der ihr Land zum Erbe gab,
  denn seine Huld währt ewig,
²² der es Israel gab, seinem Knecht,
  denn seine Huld währt ewig.

²³ Der an uns dachte in unsrer Erniedrigung,
  denn seine Huld währt ewig,
²⁴ und uns den Feinden entriß,
  denn seine Huld währt ewig,
²⁵ der allen Geschöpfen Nahrung gibt,
  denn seine Huld währt ewig.

136,14a Wörtlich: und Israel hindurchführte durch seine Mitte.
136,15a Wörtlich: und den Pharao ins Schilfmeer stürzte.
136,22a Wörtlich: als Erbe für Israel, seinen Knecht.

²⁶ Danket dem Gott des Himmels,
    denn seine Huld währt ewig.

Heimweh nach dem Zion in der Verbannung

137 An den Strömen von Babel, /
    da saßen wir und weinten,
    wenn wir an Zion dachten.
² Wir hängten unsere Harfen
    an die Weiden in jenem Land.

³ Dort verlangten von uns die Zwingherren Lieder, /
    unsere Peiniger forderten Jubel:
      »Singt uns Lieder vom Zion!«
⁴ Wie könnten wir singen die Lieder des Herrn,
    fern, auf fremder Erde?
⁵ Wenn ich dich je vergesse, Jerusalem,
    dann soll mir die rechte Hand verdorren.
⁶ Die Zunge soll mir am Gaumen kleben, /
    wenn ich an dich nicht mehr denke,
      wenn ich Jerusalem
      nicht zu meiner höchsten Freude erhebe.

⁷ Herr, vergiß den Söhnen Edoms nicht
    den Tag von Jerusalem;
      sie sagten: »Reißt nieder,
      bis auf den Grund reißt es nieder!«

137,5b Text korr.; H: dann soll meine rechte Hand (die Kunst des Spielens) vergessen.
137,7–9 Zu diesem Fluch vgl. die Anmerkung zu 109,1–31. Hier geht es aber um übermächtige feindliche Völker.

8 Tochter Babel, du Zerstörerin!
  Wohl dem, der dir heimzahlt,
  was du uns getan hast!
9 Wohl dem, der deine Kinder packt
  und sie am Felsen zerschmettert!

Dank für Gottes Hilfe

[Von David.]

138 Ich will dir danken aus ganzem Herzen,
  dir vor den Engeln singen und spielen;
2 ich will mich niederwerfen
  zu deinem heiligen Tempel hin
  und deinem Namen danken
  für deine Huld und Treue.
Denn du hast die Worte meines Mundes gehört,
  deinen Namen und dein Wort
  über alles verherrlicht.
3 Du hast mich erhört an dem Tag, als ich rief;
  du gabst meiner Seele große Kraft.

4 Dich sollen preisen, Herr, alle Könige der Welt,
  wenn sie die Worte deines Mundes vernehmen.
5 Sie sollen singen von den Wegen des Herrn;
  denn groß ist die Herrlichkeit des Herrn.

137,8a du Zerstörerin: H: du zu Verwüstende.
138,2c Ergänzt aus G; dort steht dieser Satz in V. 1.
138,2d Text korr.; H etwa: du hast Versprechen gemacht, die deinen
Namen übersteigen.
138,3b Nach G; H: du machtest mich ungestüm.

⁶ Ja, der Herr ist erhaben; /
   doch er schaut auf die Niedrigen,
      und die Stolzen erkennt er von fern.

⁷ Gehe ich auch mitten durch große Not:
      du erhältst mich am Leben.
   Du streckst die Hand aus
   gegen meine wütenden Feinde,
      und deine Rechte hilft mir.
⁸ Der Herr nimmt sich meiner an. /
   Herr, deine Huld währt ewig.
      Laß nicht ab vom Werk deiner Hände!

   Der Mensch vor dem allwissenden Gott

139
[Für den Chormeister. Ein Psalm Davids.]
Herr, du hast mich erforscht
und du kennst mich. /
² Ob ich sitze oder stehe, du weißt von mir.
      Von fern erkennst du meine Gedanken.
³ Ob ich gehe oder ruhe, es ist dir bekannt;
      du bist vertraut mit all meinen Wegen.
⁴ Noch liegt mir das Wort nicht auf der Zunge –
      du, Herr, kennst es bereits.
⁵ Du umschließt mich von allen Seiten
      und legst deine Hand auf mich.

⁶ Zu wunderbar ist für mich dieses Wissen,
      zu hoch, ich kann es nicht begreifen.

139,3a es ist dir bekannt, wörtlich: du prüfst es; oder: du mißt es.
139,5a Wörtlich: Du umschließt mich von hinten und von vorn.

⁷ Wohin könnte ich fliehen vor deinem Geist,
   wohin mich vor deinem Angesicht flüchten?
⁸ Steige ich hinauf in den Himmel, so bist du dort;
   bette ich mich in der Unterwelt, bist du zugegen.
⁹ Nehme ich die Flügel des Morgenrots
   und lasse mich nieder am äußersten Meer,
¹⁰ auch dort wird deine Hand mich ergreifen
   und deine Rechte mich fassen.
¹¹ Würde ich sagen: »Finsternis soll mich
   bedecken, /
   statt Licht soll Nacht mich umgeben«,
¹²   auch die Finsternis wäre für dich nicht finster,
   die Nacht würde leuchten wie der Tag,
      die Finsternis wäre wie Licht.

¹³ Denn du hast mein Inneres geschaffen,
   mich gewoben im Schoß meiner Mutter.
¹⁴ Ich danke dir, daß du mich so wunderbar
   gestaltet hast.
      Ich weiß: Staunenswert sind deine Werke.
¹⁵ Als ich geformt wurde im Dunkeln, /
   kunstvoll gewirkt in den Tiefen der Erde,
      waren meine Glieder dir nicht verborgen.
¹⁶ Deine Augen sahen, wie ich entstand,
   in deinem Buch war schon alles verzeichnet;

139,10a mich ergreifen: Text korr.; H: mich leiten.
139,11a Text korr. nach den Übersetzungen von Symmachus und
Hieronymus; H: Finsternis soll mich zermalmen.
139,14 Text korr. nach G, S und Hieronymus.
139,16a Text korr.; H ist unklar.

meine Tage waren schon gebildet,
als noch keiner von ihnen da war.
[17] Wie schwierig sind für mich, o Gott,
deine Gedanken,
wie gewaltig ist ihre Zahl!
[18] Wollte ich sie zählen, es wären mehr als der Sand.
Käme ich bis zum Ende,
wäre ich noch immer bei dir.

[19] Wolltest du, Gott, doch den Frevler töten!
Ihr blutgierigen Menschen, laßt ab von mir!
[20] Sie reden über dich voll Tücke
und mißbrauchen deinen Namen.
[21] Soll ich die nicht hassen, Herr, die dich hassen,
die nicht verabscheuen,
die sich gegen dich erheben?
[22] Ich hasse sie mit glühendem Haß;
auch mir sind sie zu Feinden geworden.

[23] Erforsche mich, Gott, und erkenne mein Herz,
prüfe mich, und erkenne mein Denken!
[24] Sieh her, ob ich auf dem Weg bin, der dich kränkt,
und leite mich auf dem altbewährten Weg!

Hilferuf zu Gott, dem Anwalt des Armen

140 [Für den Chormeister. Ein Psalm Davids.]
[2] Rette mich, Herr, vor bösen Menschen,
vor gewalttätigen Leuten schütze mich!

139,18b Käme ich bis zum Ende: Text korr.; H: Erwachte ich.
139,20b deinen Namen: Text korr.; H: deine Städte; oder: deine
Feinde.

³ Denn sie sinnen in ihrem Herzen auf Böses,
    jeden Tag schüren sie Streit.
⁴ Wie die Schlangen haben sie scharfe Zungen
    und hinter den Lippen Gift wie die Nattern. [Sela]
⁵ Behüte mich, Herr, vor den Händen der Frevler, /
  vor gewalttätigen Leuten schütze mich,
    die darauf sinnen, mich zu Boden zu stoßen.
⁶ Hochmütige legen mir heimlich Schlingen, /
  Böse spannen ein Netz aus,
    stellen mir Fallen am Wegrand. [Sela]

⁷ Ich sage zum Herrn: Du bist mein Gott.
    Vernimm, o Herr, mein lautes Flehen!
⁸ Herr, mein Gebieter, meine starke Hilfe,
    du beschirmst mein Haupt am Tag des Kampfes.
⁹ Herr, erfülle nicht die Wünsche des Frevlers,
    laß seine Pläne nicht gelingen! [Sela]

¹⁰ Die mich umzingeln,
  sollen das Haupt nicht erheben;
    die Bosheit ihrer Lippen treffe sie selbst.
¹¹ Er lasse glühende Kohlen auf sie regnen, /
  er stürze sie hinab in den Abgrund,
    so daß sie nie wieder aufstehn.
¹² Der Verleumder soll nicht bestehen im Land,
    den Gewalttätigen treffe das Unglück
    Schlag auf Schlag.

140,5c Wörtlich: darauf sinnen, meine Schritte zu Fall zu bringen.
140,6b Text korr.
140,9f Text korr. durch Verschiebung der Versgrenze und Wiederholung der Negation von V. 9 in V. 10.

¹³ Ich weiß, der Herr führt die Sache des Armen,
     er verhilft den Gebeugten zum Recht.
¹⁴ Deinen Namen preisen nur die Gerechten;
     vor deinem Angesicht dürfen
     nur die Redlichen bleiben.

Bitte um Bewahrung vor Sünde

141 [Ein Psalm Davids.]
     Herr, ich rufe zu dir. Eile mir zu Hilfe;
     höre auf meine Stimme, wenn ich zu dir rufe.
² Wie ein Rauchopfer steige mein Gebet vor dir auf;
     als Abendopfer gelte vor dir,
     wenn ich meine Hände erhebe.

³ Herr, stell eine Wache vor meinen Mund,
     eine Wehr vor das Tor meiner Lippen!
⁴ Gib, daß mein Herz sich bösen Worten
nicht zuneigt,
     daß ich nichts tue, was schändlich ist,
zusammen mit Menschen, die Unrecht tun.
     Von ihren Leckerbissen will ich nicht kosten.
⁵ Der Gerechte mag mich schlagen aus Güte:
     Wenn er mich bessert,
     ist es Salböl für mein Haupt;
da wird sich mein Haupt nicht sträuben.
     Ist er in Not, will ich stets für ihn beten.

140,13b Wörtlich: er richtet den Gebeugten nach dem Armenrecht.
141,5d Andere Übersetzungsmöglichkeit: Denn stets (wird laut)
mein Gebet trotz ihrer Bosheit, oder: wenn es ihnen schlecht geht . . .

⁶ Haben ihre Richter sich auch
  die Felsen hinabgestürzt,
        sie sollen hören, daß mein Wort
        für sie freundlich ist.
⁷ Wie wenn man Furchen zieht
  und das Erdreich aufreißt,
        so sind unsre Glieder hingestreut
        an den Rand der Unterwelt.

⁸ Mein Herr und Gott,
  meine Augen richten sich auf dich;
        bei dir berge ich mich.
        Gieß mein Leben nicht aus!
⁹ Vor der Schlinge, die sie mir legten, bewahre mich,
        vor den Fallen derer, die Unrecht tun!
¹⁰ Die Frevler sollen sich
  in ihren eigenen Netzen fangen,
        während ich heil entkomme.

Hilferuf in schwerer Bedrängnis

142 [Ein Weisheitslied Davids, als er in der Höhle war. Ein Gebet.]
² Mit lauter Stimme schreie ich zum Herrn,
        laut flehe ich zum Herrn um Gnade.
³ Ich schütte vor ihm meine Klagen aus,
        eröffne ihm meine Not.
⁴ Wenn auch mein Geist in mir verzagt,
        du kennst meinen Pfad.

141,6b H ist unverständlich.

Auf dem Weg, den ich gehe,
    legten sie mir Schlingen.

⁵ Ich blicke nach rechts und schaue aus,
        doch niemand ist da, der mich beachtet.
Mir ist jede Zuflucht genommen,
        niemand fragt nach meinem Leben.

⁶ Herr, ich schreie zu dir, /
    ich sage: Meine Zuflucht bist du,
        mein Anteil im Land der Lebenden.
⁷ Vernimm doch mein Flehen;
        denn ich bin arm und elend.
Meinen Verfolgern entreiß mich;
        sie sind viel stärker als ich.
⁸ Führe mich heraus aus dem Kerker,
        damit ich deinen Namen preise.
Die Gerechten scharen sich um mich,
        weil du mir Gutes tust.

Gebet um Kraft und Hilfe gegen Feinde

143 [Ein Psalm Davids.]
    Herr, höre mein Gebet,
vernimm mein Flehen;
        in deiner Treue erhöre mich, in deiner
        Gerechtigkeit!
² Geh mit deinem Knecht nicht ins Gericht;
        denn keiner, der lebt, ist gerecht vor dir.

142,7b Wörtlich: denn ich bin sehr schwach.

³ Der Feind verfolgt mich,
   tritt mein Leben zu Boden,
      er läßt mich in der Finsternis wohnen
      wie längst Verstorbene.
⁴ Mein Geist verzagt in mir,
      mir erstarrt das Herz in der Brust.

⁵ Ich denke an die vergangenen Tage, /
   sinne nach über all deine Taten,
      erwäge das Werk deiner Hände.
⁶ Ich breite die Hände aus (und bete) zu dir;
      meine Seele dürstet nach dir
      wie lechzendes Land. [Sela]
⁷ Herr, erhöre mich bald,
      denn mein Geist wird müde;
   verbirg dein Antlitz nicht vor mir,
      damit ich nicht werde wie Menschen,
      die längst begraben sind.
⁸ Laß mich deine Huld erfahren am frühen Morgen;
      denn ich vertraue auf dich.
   Zeig mir den Weg, den ich gehen soll;
      denn ich erhebe meine Seele zu dir.
⁹ Herr, entreiß mich den Feinden!
      Zu dir nehme ich meine Zuflucht.

¹⁰ Lehre mich, deinen Willen zu tun;
   denn du bist mein Gott.
      Dein guter Geist leite mich auf ebenem Pfad.

─────────────

143,7e Wörtlich: die hinabgestiegen sind zur Grube.
143,9b meine Zuflucht: Text korr. nach G.
143,10c Text korr.; H: leite mich auf ebenem Land.

¹¹ Um deines Namens willen, Herr,
   erhalt mich am Leben,
      führe mich heraus aus der Not
      in deiner Gerechtigkeit!
¹² Vertilge in deiner Huld meine Feinde, /
   laß all meine Gegner untergehn!
      Denn ich bin dein Knecht.

   Danklied auf das Glück des Gottesvolkes

144 [Von David.]
   Gelobt sei der Herr, der mein Fels ist,
      der meine Hände den Kampf gelehrt hat,
      meine Finger den Krieg.
² Du bist meine Huld und Burg,
   meine Festung, mein Retter,
mein Schild, dem ich vertraue.
   Er macht mir Völker untertan.

³ Herr, was ist der Mensch,
   daß du dich um ihn kümmerst,
      des Menschen Kind, daß du es beachtest?
⁴ Der Mensch gleicht einem Hauch,
   seine Tage sind wie ein flüchtiger Schatten.

⁵ Herr, neig deinen Himmel, und steig herab,
   rühre die Berge an, so daß sie rauchen.
⁶ Schleudre Blitze, und zerstreue die Feinde,
   schieß deine Pfeile ab, und jag sie dahin!

144,2d mir Völker: Text korr.; H: mein Volk.

⁷ Streck deine Hände aus der Höhe herab,
   und befreie mich; /
   reiß mich heraus aus gewaltigen Wassern,
      aus der Hand der Fremden!
⁸ Alles, was ihr Mund sagt, ist Lüge,
      Meineide schwört ihre Rechte.

⁹ Ein neues Lied will ich, o Gott, dir singen,
      auf der zehnsaitigen Harfe will ich dir spielen,
¹⁰ der du den Königen den Sieg verleihst
      und David, deinen Knecht, errettest.
   Vor dem bösen Schwert ¹¹ errette mich,
      entreiß mich der Hand der Fremden!
   Alles, was ihr Mund sagt, ist Lüge,
      Meineide schwört ihre Rechte.
¹² Unsre Söhne seien wie junge Bäume,
      hochgewachsen in ihrer Jugend,
   unsre Töchter wie schlanke Säulen,
      die geschnitzt sind für den Tempel.
¹³ Unsre Speicher seien gefüllt,
      überquellend von vielerlei Vorrat;
   unsre Herden mögen sich tausendfach mehren,
      vieltausendfach auf unsren Fluren.
¹⁴ Unsre Kühe mögen tragen, ohne zu verwerfen
   und ohne Unfall;
      kein Wehgeschrei werde laut
      auf unsern Straßen.

144,10b Text korr.; H: David, seinen Knecht.
144,14 Andere Übersetzungsmöglichkeit: Unsere Gaue ohne Lasten, kein Durchbruch und kein Auszug, kein Geschrei auf unseren Plätzen.

¹⁵ Wohl dem Volk, dem es so ergeht,
　　glücklich das Volk, dessen Gott der Herr ist!

　　Lobpreis der Größe und Güte Gottes

145 [Ein Loblied Davids.]
　　Ich will dich rühmen, mein Gott und König,
　　und deinen Namen preisen immer und ewig;
² ich will dich preisen Tag für Tag
　　und deinen Namen loben immer und ewig.

³ Groß ist der Herr und hoch zu loben,
　　seine Größe ist unerforschlich.
⁴ Ein Geschlecht verkünde dem andern
　den Ruhm deiner Werke
　　und erzähle von deinen gewaltigen Taten.
⁵ Sie sollen vom herrlichen Glanz
　deiner Hoheit reden;
　　ich will deine Wunder besingen.
⁶ Sie sollen sprechen von der Gewalt
　deiner erschreckenden Taten;
　　ich will von deinen großen Taten berichten.
⁷ Sie sollen die Erinnerung
　an deine große Güte wecken
　　und über deine Gerechtigkeit jubeln.

⁸ Der Herr ist gnädig und barmherzig,
　　langmütig und reich an Gnade.
⁹ Der Herr ist gütig zu allen,
　　sein Erbarmen waltet über all seinen Werken.

¹⁰ Danken sollen dir, Herr, all deine Werke
und deine Frommen dich preisen.
¹¹ Sie sollen von der Herrlichkeit
deines Königtums reden,
sollen sprechen von deiner Macht,
¹² den Menschen deine machtvollen Taten
verkünden
und den herrlichen Glanz deines Königtums.
¹³ Dein Königtum ist ein Königtum für ewige Zeiten,
deine Herrschaft währt
von Geschlecht zu Geschlecht.
[Der Herr ist treu in all seinen Worten,
voll Huld in all seinen Taten.]
¹⁴ Der Herr stützt alle, die fallen,
und richtet alle Gebeugten auf.
¹⁵ Aller Augen warten auf dich,
und du gibst ihnen Speise zur rechten Zeit.
¹⁶ Du öffnest deine Hand
und sättigst alles, was lebt,
nach deinem Gefallen.

¹⁷ Gerecht ist der Herr in allem, was er tut,
voll Huld in all seinen Werken.
¹⁸ Der Herr ist allen, die ihn anrufen, nahe,
allen, die zu ihm aufrichtig rufen.
¹⁹ Die Wünsche derer, die ihn fürchten, erfüllt er,
er hört ihr Schreien und rettet sie.

145,12a Text korr. nach G und S; H: seine machtvollen Taten.
145,13 Der eingeklammerte Textteil fehlt in H; Rekonstruktion
nach G, S und Vg.

²⁰ Alle, die ihn lieben, behütet der Herr,
    doch alle Frevler vernichtet er.

²¹ Mein Mund verkünde das Lob des Herrn.
    Alles, was lebt, preise seinen heiligen Namen
    immer und ewig!

Preislied auf Gott, den Herrn und Helfer Israels

146 Halleluja!
    Lobe den Herrn, meine Seele! /
² Ich will den Herrn loben, solange ich lebe,
    meinem Gott singen und spielen,
    solange ich da bin.

³ Verlaßt euch nicht auf Fürsten,
    auf Menschen, bei denen es doch
    keine Hilfe gibt.
⁴ Haucht der Mensch sein Leben aus /
  und kehrt er zurück zur Erde,
    dann ist es aus mit all seinen Plänen.

⁵ Wohl dem, dessen Halt der Gott Jakobs ist
    und der seine Hoffnung
    auf den Herrn, seinen Gott, setzt.
⁶ Der Herr hat Himmel und Erde gemacht, /
  das Meer und alle Geschöpfe;
    er hält ewig die Treue.

146,4c Wörtlich: an jenem Tag ist es aus.
146,6b Wörtlich: das Meer und alles, was in ihnen ist.

⁷ Recht verschafft er den Unterdrückten, /
   den Hungernden gibt er Brot;
      der Herr befreit die Gefangenen.
⁸ Der Herr öffnet den Blinden die Augen,
   er richtet die Gebeugten auf.
⁹ Der Herr beschützt die Fremden
      und verhilft den Waisen und Witwen
      zu ihrem Recht.
   Der Herr liebt die Gerechten,
      doch die Schritte der Frevler leitet er in die Irre.

¹⁰ Der Herr ist König auf ewig,
      dein Gott, Zion, herrscht von Geschlecht
      zu Geschlecht.
      Halleluja!

   Bekenntnis zu Gott, dem Retter Israels

147   Halleluja!
      Gut ist es, unserem Gott zu singen;
      schön ist es, ihn zu loben.

² Der Herr baut Jerusalem wieder auf,
      er sammelt die Versprengten Israels.
³ Er heilt die gebrochenen Herzen
      und verbindet ihre schmerzenden Wunden.
⁴ Er bestimmt die Zahl der Sterne
      und ruft sie alle mit Namen.
⁵ Groß ist unser Herr und gewaltig an Kraft,
      unermeßlich ist seine Weisheit.

146,9c In H steht dieser Versteil am Ende von V. 8.

⁶ Der Herr hilft den Gebeugten auf
         und erniedrigt die Frevler.

⁷ Stimmt dem Herrn ein Danklied an,
         spielt unserem Gott auf der Harfe!
⁸ Er bedeckt den Himmel mit Wolken, /
   spendet der Erde Regen
         und läßt Gras auf den Bergen sprießen.
⁹ Er gibt dem Vieh seine Nahrung,
         gibt den jungen Raben, wonach sie schreien.

¹⁰ Er hat keine Freude an der Kraft des Pferdes,
         kein Gefallen am schnellen Lauf des Mannes.
¹¹ Gefallen hat der Herr an denen,
   die ihn fürchten und ehren,
         die voll Vertrauen warten auf seine Huld.

Dank für Gottes Güte

¹² Jerusalem, preise den Herrn,
         lobsinge, Zion, deinem Gott!

¹³ Denn er hat die Riegel deiner Tore festgemacht,
         die Kinder in deiner Mitte gesegnet;
¹⁴ er verschafft deinen Grenzen Frieden,
         und sättigt dich mit bestem Weizen.
¹⁵ Er sendet sein Wort zur Erde,
         rasch eilt sein Befehl dahin.
¹⁶ Er spendet Schnee wie Wolle,
         streut den Reif aus wie Asche.

147,6b erniedrigt die Frevler: H fügt hinzu: bis zum Boden.

¹⁷ Eis wirft er herab in Brocken,
    vor seiner Kälte erstarren die Wasser.
¹⁸ Er sendet sein Wort aus, und sie schmelzen,
    er läßt den Wind wehen,
    dann rieseln die Wasser.

¹⁹ Er verkündet Jakob sein Wort,
    Israel seine Gesetze und Rechte.
²⁰ An keinem andern Volk hat er so gehandelt,
    keinem sonst seine Rechte verkündet.
    Halleluja!

Danklitanei auf Gott, den Schöpfer und Herrn

148 Halleluja!
        Lobet den Herrn vom Himmel her,
    lobt ihn in den Höhen:
² Lobt ihn, all seine Engel,
    lobt ihn, all seine Scharen;
³ lobt ihn, Sonne und Mond,
    lobt ihn, all ihr leuchtenden Sterne;
⁴ lobt ihn, alle Himmel
    und ihr Wasser über dem Himmel!
⁵ Loben sollen sie den Namen des Herrn;
    denn er gebot, und sie waren erschaffen.
⁶ Er stellte sie hin für immer und ewig,
    er gab ihnen ein Gesetz, das sie nicht übertreten.

⁷ Lobet den Herrn, ihr auf der Erde,
    ihr Seeungeheuer und all ihr Tiefen,

147,17b Text korr.; H: Wer wird bestehen vor seinem Frost?
147,20b Text korr.; H: und seine Rechte lernten sie nicht kennen.

⁸ Feuer und Hagel, Schnee und Nebel,
    du Sturmwind, der sein Wort vollzieht,
⁹ ihr Berge und all ihr Hügel,
    ihr Fruchtbäume und alle Zedern,
¹⁰ ihr wilden Tiere und alles Vieh,
    Kriechtiere und gefiederte Vögel,
¹¹ ihr Könige der Erde und alle Völker,
    ihr Fürsten und alle Richter auf Erden,
¹² ihr jungen Männer und auch ihr Mädchen,
    ihr Alten mit den Jungen!
¹³ Loben sollen sie den Namen des Herrn; /
    denn sein Name allein ist erhaben,
        seine Hoheit strahlt über Erde und Himmel.

¹⁴ Seinem Volk verleiht er Macht, /
    das ist ein Ruhm für all seine Frommen,
        für Israels Kinder, das Volk, das ihm nahen darf.
        Halleluja!

Ein Kampflied des Gottesvolkes

149   Halleluja!
      Singet dem Herrn ein neues Lied!
        Sein Lob erschalle in der Gemeinde der Frommen.
² Israel soll sich über seinen Schöpfer freuen,
    die Kinder Zions über ihren König jauchzen.
³ Seinen Namen sollen sie loben beim Reigentanz,
    ihm spielen auf Pauken und Harfen.

⁴ Der Herr hat an seinem Volk Gefallen,
    die Gebeugten krönt er mit Sieg.

⁵ In festlichem Glanz sollen die Frommen frohlocken,
auf ihren Lagern jauchzen:
⁶ Loblieder auf Gott in ihrem Mund,
ein zweischneidiges Schwert in der Hand,
⁷ um die Vergeltung zu vollziehn an den Völkern,
an den Nationen das Strafgericht,
⁸ um ihre Könige mit Fesseln zu binden,
ihre Fürsten mit eisernen Ketten,
⁹ um Gericht über sie zu halten,
so wie geschrieben steht.
Herrlich ist das für all seine Frommen.
Halleluja!

Das große Halleluja

150 Halleluja!
Lobet Gott in seinem Heiligtum,
lobt ihn in seiner mächtigen Feste!
² Lobt ihn für seine großen Taten,
lobt ihn in seiner gewaltigen Größe!
³ Lobt ihn mit dem Schall der Hörner,
lobt ihn mit Harfe und Zither!
⁴ Lobt ihn mit Pauken und Tanz,
lobt ihn mit Flöten und Saitenspiel!
⁵ Lobt ihn mit hellen Zimbeln,
lobt ihn mit klingenden Zimbeln!
⁶ Alles, was atmet,
lobe den Herrn!
Halleluja!

I. Namen und Abkürzungen

1. ALLGEMEINE ABKÜRZUNGEN

A	Anmerkung
AT	Altes Testament
atl.	alttestamentlich
ca.	circa = ungefähr
d.h.	das heißt
EÜ	Einheitsübersetzung
f	folgender Vers
G	griechische Übersetzung der Septuaginta, entstanden zwischen ca. 250–100 v. Chr.
H	hebräischer Text
Jh.(Jhd.)	Jahrhundert
korr.	korrigiert
NT	Neues Testament
ntl.	neutestamentlich
Par.	Parallele
Parr.	Parallelen
par.	parallele Stellen
S	Syrische Übersetzung (Peschitta)
s.	siehe
sog.	sogenannt (-e, -er, -es)
u.a.	unter anderem
usw.	und so weiter
vgl.	vergleiche

V.	Vers
VV.	Verse
Vg	Vulgata
z.B.	zum Beispiel
z.T.	zum Teil
( )	erklärender Zusatz der Übersetzer
[ ]	unechter Text bzw. alte Zusätze
‖	Parallelüberlieferung
ẹ	der Laut kann beim Gesang ausfallen

2. NAMEN UND ABKÜRZUNGEN DER BIBLISCHEN BÜCHER

Altes Testament

Gen	Das Buch Genesis
Ex	Das Buch Exodus
Lev	Das Buch Levitikus
Num	Das Buch Numeri
Dtn	Das Buch Deuteronomium
Jos	Das Buch Josua
Ri	Das Buch der Richter
Rut	Das Buch Rut
1 Sam	Das erste Buch Samuel
2 Sam	Das zweite Buch Samuel
1 Kön	Das erste Buch der Könige
2 Kön	Das zweite Buch der Könige
1 Chr	Das erste Buch der Chronik
2 Chr	Das zweite Buch der Chronik

Esra	Das Buch Esra
Neh	Das Buch Nehemia
Tob	Das Buch Tobit
Jdt	Das Buch Judit
Est	Das Buch Ester
1 Makk	Das erste Buch der Makkabäer
2 Makk	Das zweite Buch der Makkabäer
Ijob	Das Buch Ijob
Ps	Die Psalmen
Spr	Das Buch der Sprichwörter
Koh	Das Buch Kohelet
Hld	Das Hohelied
Weish	Das Buch der Weisheit
Sir	Das Buch Jesus Sirach
Jes	Das Buch Jesaja
Jer	Das Buch Jeremia
Klgl	Die Klagelieder
Bar	Das Buch Baruch
Ez	Das Buch Ezechiel
Dan	Das Buch Daniel
Hos	Das Buch Hosea
Joël	Das Buch Joël
Am	Das Buch Amos
Obd	Das Buch Obadja
Jona	Das Buch Jona
Mi	Das Buch Micha
Nah	Das Buch Nahum
Hab	Das Buch Habakuk

Zef	Das Buch Zefanja
Hag	Das Buch Haggai
Sach	Das Buch Sacharja
Mal	Das Buch Maleachi

Neues Testament

Mt	Das Evangelium nach Matthäus
Mk	Das Evangelium nach Markus
Lk	Das Evangelium nach Lukas
Joh	Das Evangelium nach Johannes
Apg	Die Apostelgeschichte

Röm	Der Brief an die Römer
1 Kor	Der erste Brief an die Korinther
2 Kor	Der zweite Brief an die Korinther
Gal	Der Brief an die Galater
Eph	Der Brief an die Epheser
Phil	Der Brief an die Philipper
Kol	Der Brief an die Kolosser
1 Thess	Der erste Brief an die Thessalonicher
2 Thess	Der zweite Brief an die Thessalonicher
1 Tim	Der erste Brief an Timotheus
2 Tim	Der zweite Brief an Timotheus
Tit	Der Brief an Titus
Phlm	Der Brief an Philemon
Hebr	Der Brief an die Hebräer

Jak	Der Brief des Jakobus
1 Petr	Der erste Brief des Petrus

2 Petr	Der zweite Brief des Petrus
1 Joh	Der erste Brief des Johannes
2 Joh	Der zweite Brief des Johannes
3 Joh	Der dritte Brief des Johannes
Jud	Der Brief des Judas
Offb	Die Offenbarung des Johannes

II. Die Textvorlagen
der Einheitsübersetzung

1. DER HEBRÄISCHE TEXT

Der Einheitsübersetzung liegt für die hebräisch überlieferten Schriften der hebräische Text des Alten Testaments zugrunde, der sog. Masoretische Text. Er geht in seiner heutigen Fassung im wesentlichen auf die sorgfältige Arbeit jüdischer Gelehrter, der sog. Masoreten, zurück. Sie bemühten sich zwischen dem 6. und 10. Jahrhundert n. Chr. um die Wiederherstellung und Sicherung der ältesten Textfassung der Bücher des Alten Testaments. Um 100 n. Chr. lag der hebräische Konsonantentext in Palästina vor; er entspricht im wesentlichen dem Text, der schon 100 v. Chr. verbreitet war. Weil die Juden, wie andere semitische Völker, nur die Konsonanten (Mitlaute) schrieben, die Vokale (Selbstlaute) aber nur sehr ungenau andeuteten, schufen die Masoreten zwischen 600 und 900 n. Chr. mit Hilfe von Strichen und Punkten über und unter den Konsonantenbuchstaben Vokalzeichen. Diesen »vokalisierten« oder »punktierten« Text nennt man den masoretischen Text. Die wissenschaftliche Erforschung der Textüberlieferung und neuere Funde von vormasoretischen Handschriften, besonders von Qumran, haben zur kritischen Sichtung und Verbesserung dieses Textes beigetragen.

2. DER GRIECHISCHE TEXT

Die gesamte hebräische Bibel wurde für die griechisch sprechenden Juden Ägyptens und des Mittelmeerraumes zwischen 250 und 100 v. Chr. von unbekannten Juden in Alexandria ins Griechische übersetzt und so im Gottesdienst der jüdischen Gemeinde von Alexandria verwendet. Diese Übersetzung soll nach der Überlieferung in siebzig Tagen von siebzig Männern verfertigt worden sein; darum erhielt sie den Namen: »(die Übersetzung der) Siebzig« oder einfach »Septuaginta« (LXX). Sie wird in der Einheitsübersetzung durch den Buchstaben G, d. h. Griechischer Text, gekennzeichnet. In diese griechische Übersetzung wurden auch die sog. deuterokanonischen Bücher aufgenommen (s. Einleitung in das Alte Testament).

Im 2. Jahrhundert n. Chr. entstanden weitere griechische Übersetzungen, vor allem die des Aquila, des Symmachus und des Theodotion, die bisweilen auch in der Einheitsübersetzung berücksichtigt werden.

3. DIE LATEINISCHEN ÜBERSETZUNGEN

Schon ab 150 n. Chr. entstehen in Nordafrika und Südfrankreich lateinische Übersetzungen, die man Vetus Latina (die Altlateinische) nennt. Diese Texte sind heute nur noch z. T. erhalten. Ab 390 n. Chr. schuf der hl. Hieronymus im Auftrag von Papst Da

masus I. eine Übersetzung des Alten Testaments aus
dem Hebräischen, da die früheren Übersetzungen aus
der Septuaginta sehr fehlerhaft waren. Seine Übersetzung erhielt später den Namen Vulgata (Vg), d.h. die
allgemein Verbreitete (Übersetzung). Sie gewann in
der katholischen Kirche große Bedeutung in Gottesdienst und Theologie und wurde vom Konzil von
Trient 1546 als authentisch erklärt, d. h. als beweis-
kräftig in Sachen der Glaubens- und Sittenlehre der
Kirche. Am 15. 4. 1979 hat Papst Johannes Paul II.
eine Überarbeitung der Vulgata veröffentlicht, die
sog. Neue Vulgata oder Neo-Vulgata.

4. ANDERE ALTE TEXTFASSUNGEN UND ÜBERSETZUNGEN

Für das Bemühen, die älteste Fassung des hebräischen bzw. griechischen Textes des Alten Testaments festzustellen, sind außerdem folgende alte
Texte und Übersetzungen wichtig: der Samaritani-
sche Pentateuch, die aramäischen Übersetzungen
(Targume) sowie die Übersetzung ins Syrische (Pe-
schitta, abgekürzt S). Diese Übersetzungen haben den
hebräischen Text zur Grundlage; andere alte Übersetzungen (z. B. die altlateinische, die koptische, die
äthiopische, die armenische, die gotische) geben die
Septuaginta wieder.

5. ARAMÄISCHE TEILE
DES ALTEN TESTAMENTS

Das Aramäische ist eine mit dem Hebräischen eng verwandte semitische Sprache. Seit der Zeit der Perserherrschaft (ab 540 v. Chr.) wird das Hebräische als Umgangssprache im jüdischen Volk vom Aramäischen allmählich verdrängt. Zur Zeit Jesu sprach das Volk in Palästina aramäisch. In aramäischem Urtext sind folgende Teile des Alten Testaments abgefaßt: Jer 10,11; Esra 4,8 – 6,18; 7,12–26; Dan 2,4 – 7,28.

III. Die Zählung und Übersetzung
der Psalmen

Die Zählung der Psalmen weicht in den hebräischen Handschriften von der Zählung in den griechischen und lateinischen (G und Vg) Handschriften ab. Da die Einheitsübersetzung den hebräischen Text zugrundelegt, folgt sie auch der hebräischen Zählung. So ergibt sich folgende Ordnung:

Ps 1–9:   Zählung gleich
Ps 10–113:   hebräische Zählung geht um 1 voraus
Ps 114–115: entspricht dem griechischen Ps 113
Ps 116:   hebräische Zählung entspricht den griechischen Psalmen 114 und 115
Ps 117–146: hebräische Zählung geht um 1 voraus
Ps 147:   hebräische Zählung entspricht den griechischen Psalmen 146 und 147
Ps 148–150: Zählung gleich.

Die Übersetzung des Psalters wurde zuerst 1971 veröffentlicht. An der Gestaltung des Textes arbeiteten evangelische und katholische Fachleute der Bibelwissenschaft, der deutschen Sprache, der Kirchenmusik und der Katechetik mit. Nach mehrjähriger Erprobung beim Chorgebet und im Gemeindegottesdienst wurde der deutsche Text 1973/74 durch Fachleute der oben genannten Bereiche erneut gründlich überarbeitet.

IV. Ökumenische Teile

Die ökumenische Zusammenarbeit im Rahmen der Einheitsübersetzung erstreckt sich vor allem auf das Neue Testament. Im Alten Testament wurde ökumenisch nur der Psalter übersetzt.

V. Verzeichnis der Namen für alttestamentliche Maße, Gewichte und Münzen nach den Loccumer Richtlinien

Wir berechnen heute Maße, Gewichte und Münzen nach mathematisch festgelegten Einheiten, die in einem Bezugssystem zueinander stehen. In der Frühzeit stützten sich die sozialen Gemeinschaften nicht auf Zahlen. Man einigte sich auf Festlegungen, die ihren Vergleichspunkt in der konkreten Erfahrung hatten. So wurden zum Beispiel Längenmaße nach Arm und Hand, Flächen nach der Zeit, die man brauchte, sie zu bearbeiten (Tagwerk) oder nach der benötigten Saatmenge bestimmt, Entfernungen nach der Zeit,

die man brauchte, um sie zurückzulegen (Tages-
marsch).

Bei Maßen und Gewichten wird zwischen königli-
chen und gewöhnlichen Einheiten unterschieden;
eine königliche Elle etwa ist größer als eine gewöhn-
liche. Es ließ sich bisher nicht klären, ob die Bezeichnung »königlich« sich auf die Festsetzung der Wert-
garantie (Eichmaß) durch den König bezieht oder auf
Abgaben und Steuern, die nach dieser Bemessung zu
leisten waren.

Die hier in Frage kommenden Namen bezeichnen
in verschiedenen Perioden des Alten Testaments un-
terschiedliche Größen, je nach dem Herkunftsort
(Babylonien, Ägypten, Griechenland, Rom, lokale
Bräuche) der einzelnen Zählsysteme. Diese verschiedenen Systeme wurden teilweise auch gleichzeitig
benutzt.

1. MASSE

a) Längenmaße

Elle (Gen 6,15)	gemessen von der Spitze des Ellbogens bis zur Spitze des Mittelfingers
Spanne (Ex 28,16):	der Abstand von der Daumen- bis zur Kleinfingerspitze der gespreizten Hand

Handbreite (Ex 25,25):   gemessen an der Finger-
                            wurzel
Finger (Jer 52,21):   Daumenbreite

Es ergibt sich folgendes *Verhältnisschema* (zu lesen
1 Elle = 2 Spannen usw.):

				königlich	gewöhnlich
Elle	1			52,5 cm	45,8 cm
Spanne	2	1		26,9 cm	22,9 cm
Handbreite	6	3	1	8,7 cm	7,6 cm
Finger	24	12	4	2,2 cm	1,9 cm

b) Wegmaße

Tagesmarsch(Num 11,31): ca. 40 km
Stadion (Mehrzahl:
Stadien; 2 Makk 11,5):   ca. 185–200 m
Elle (Num 35,4):   45,8 cm
Schritt (2 Sam 6,13): $\frac{1}{200}$ Stadion: ca. 92 cm
Fuß (Dtn 2,5): $\frac{1}{600}$ Stadion: ca. 30,8 cm
Bogenschuß (Gen 21,16):   ?

c) Hohlmaße

Für Trockenes

Hómer (Lev 27,16):   10 Efa: ca 400 l
Letech (Hos 3,2):   5 Efa: ca. 200 l
Efa (Ex 16,36):   ca. 40 l
Sea (2 Kön 7,1): $\frac{1}{3}$ Efa: ca. 13 l
Gomer (Ex 16,36): $\frac{1}{10}$ Efa: ca. 4 l

Zehntel (Ex 29,40): $^1/_{10}$ Efa: ca. 4 l
Kab (2 Kön 6,25): $^1/_{18}$ Efa: ca. 2,2 l

Für Flüssigkeiten

Kor (1 Kön 5,2):   10 Bat: ca. 400 l
Bat (1 Kön 7,26):   ca. 40 l
Hin (Ex 29,40): $^1/_6$ Bat: ca. 6,5 l
Log (Lev 14,10): $^1/_{72}$ Bat: ca. 0,5 l

2. GEWICHTE UND MÜNZEN

Schon in der Frühzeit erkannte man den Eigenwert edler und seltener Metalle; sie sind als Tauschobjekt begehrt und für Handel und Stadtkultur leicht verwendbar (vgl. die »Viehwährung« der Nomadenkultur). Metalle wog man mit Steingewichten auf einfachen Waagen. Die Metallwährung bildet das Zwischenglied zwischen dem Tauschhandel und der Geldwirtschaft. Das Verhältnis Gold-Silber war etwa 1:13. Gold- und Silberstücke wurden in Barren, als Schmuck (mit Gewichtsstempel) und vom 7. Jh. an als geprägte Münzen gebraucht. Das Wort Silber wurde zur Bezeichnung für Geld schlechthin (vgl. das französische »argent«). Die ersten uns überhaupt bekannten Münzen wurden um das Jahr 630 v. Chr. in Lydien (heute West-Türkei) aus Weißgold (Elektrum) verfertigt. Im Alten Testament werden Münzen erst in nachexilischen Texten erwähnt. Die älteste auf dem kanaanäischen Boden gefundene Münze ist eine griechische Tetradrachme (Mitte des 6. Jh.). Als älteste jüdische Münze ist ein Halbschekel aus dem 5. Jh. bekannt.

a) Gewichte

Talent (Ex 38,25):	3600 Schekel, ca. 41 kg
Mine (Ez 45,12):	60 Schekel: ca. 685 g
Schekel bzw. Silber-schekel (Ez 45,12):	ca. 11,5 g
Gera (Num 3,47):	ca. 0,6 g
Kesita (Jos 24,32):	4 Silberschekel, ca. 46 g

b) Altorientalische Währungen

In engem Zusammenhang mit der wechselreichen politischen Geschichte ist auch die Münzgeschichte Palästinas sehr lebhaft gewesen. Als Währung, die seit 538 in den persischen Provinzen Palästinas in Umlauf war, sind im Alten Testament erwähnt: Golddariken (1 Chr 29,7; Esra 2,69; 8,27; Neh 7,69–71) und Silberschekel (Neh 5,15), wobei die Goldmünzen von der persischen Zentralmacht, die Silbermünzen von der Provinzregierung geprägt waren. Aber auch die Währungen anderer Staaten müssen gültiges Zahlungsmittel gewesen sein; denn archäologische Ausgrabungen förderten z. B. attische und tyrische Münzen zutage. Die Hafenstadt Tyrus begann schon etwa 450 v. Chr. eigene Münzen (Statér) zu prägen. Diese Währung phönizischen Standards galt bis 331; in diesem Jahr hat Alexander der

Große in seinem Reich eine einigermaßen einheitliche Währung eingeführt, u. a. Tetradrachmen und Doppeldrachmen attischen Standards. Nach einem Dreivierteljahrhundert ptolemäischer und einem Dreivierteljahrhundert seleuzidischer Prägung lieferte Tyrus ab 125 v. Chr. wieder Tetradrachmen, Doppeldrachmen und Drachmen phönizischen Standards (Schekel, Halbschekel, Viertel-Silberschekel) mit einem sehr stabilen Feingehalt, im Gegensatz zu den seleuzidischen (Syrien) und ptolemäischen (Ägypten) Währungen, die laufend weniger Eigenwert haben (von 100 Prozent ist Mitte des ersten vorchristlichen Jahrhunderts der Feingehalt bis 30 Prozent abgesunken). Es nimmt daher nicht wunder, daß eben diese Währung als einzig gültiges Tempelsteuerzahlmittel galt. Nach 1 Makk 15,6 ist dem Makkabäer Simeon (143–135) das Münzrecht zugestanden. Die makkabäische Währung ist durchwegs aus Bronze und ohne Wertangabe. Die Römer, Herrscher in Palästina seit 64 v. Chr., haben ihre Reichsmünzen (Denar, As, Quadrans) und verschiedene Provinzialmünzen (Münzstätten Antiochia, Alexandria) eingeführt.

c) Griechische Währung

Mine (Ez 45,12): 25 Silberschekel bzw. Tetradrachmen

Tetradrachme: auch Statér genannt; eine Silbermünze im Wert eines Schekels

Doppeldrachme:	Silbermünze im Wert eines Halbschekels
Drachme:	Silbermünze im Wert eines Viertelschekels, gleich 6 Oboloi; entspricht einem Denar
Obolos:	Bronzemünze, gleich 8 Chalkoi
Chalkos:	Bronzemünze, gleich $1/48$ Drachme
Lepton:	Bronzemünze, $1/144$ Drachme

d) Römische Währung

Golddenar:	25 Silberdenare
Silberdenar:	gleich einem Viertel-Silberschekel, unter Kaiser Nero (63 n. Chr.) einer Drachme gleichgestellt
As:	Bronzemünze, entspricht $1/16$ Denar
Quadrans:	Bronzemünze, entspricht $1/64$ Denar

VI. Kalender und Festtage

1. ZEIT

Monate:	Kanaanäische Bezeichnung	Babylonische Bezeichnung
März/April (1)	Abib	Nisan
April/Mai (2)	Siw	(Ijjar)
Mai/Juni (3)		Siwan
Juni/Juli (4)		(Tammus)
Juli/August (5)		(Ab)
August/September (6)		Elul
September/Oktober (7)	Etanim	(Tischri)
Oktober/November (8)	Bul	(Marcheschwan)
November/Dezember (9)		Kislew
Dezember/Januar (10)		Tebet
Januar/Februar (11)		Schebat
Februar/März (12)		Adar

Die in Klammer stehenden Bezeichnungen finden sich nicht in der Bibel.

Der Tag dauerte von Sonnenuntergang zu Sonnenuntergang. Das galt auch für den Sabbat (7. Tag = Freitagabend bis Samstagabend). Der Lichttag wurde in zwölf Stunden eingeteilt, von Sonnenaufgang gerechnet bis Sonnenuntergang. Die Nacht wurde zunächst in drei, dann unter römischem Einfluß in vier Nachtwachen (zu je »drei« Stunden) eingeteilt.

Der Monat wurde von Neumond an gerechnet und bestand aus neunundzwanzig oder dreißig Tagen.

Das Jahr war ein Mondjahr zu 353 bis 355 Tagen, das man etwa jedes dritte Jahr durch Einschub eines Schaltmonats auf das Sonnenjahr abstimmte. Bis zum Babylonischen Exil begann das bürgerliche und das kultische Jahr mit dem Monat Nisan, das wirtschaftliche Jahr mit dem Monat Tischri. Nach dem Exil wurde das bürgerliche Jahr dem wirtschaftlichen angeglichen.

2. BIBLISCHE FESTE UND FESTZEITEN

Die Feste im allgemeinen haben sich aus drei Grundmotiven entwickelt, nämlich aus der Erinnerung:

1. an die ständige Wiederkehr der Ereignisse in der Natur (Ernte, Schafschur);
2. an bedeutsame Ereignisse im Familienleben (Entwöhnung des Kindes, Hochzeit), und
3. an geschichtliche Ereignisse im Leben des Volkes.

Mit der Zeit nahmen einige Feste einen gemischten Charakter an.

Zu den biblischen Festen und Festzeiten gehören:

Sabbat (letzter Tag jeder Woche); vgl. Lev 23,3.

Neumond (erster Tag jedes Monats); vgl. Num 28,11.

Neujahrsfest (erster Tag jedes Jahres); vgl. Lev 23,23–25.

Das *Pascha* (am 14. und 15. Nisan, Frühlingsvollmond); vgl. Ex 12,1–14; Lev 23,4–8.

Das *Fest der Ungesäuerten Brote* (Anfang der Gerstenernte, anschließend an das Pascha); vgl. Ex 12,15–20.

Das *Wochen-* oder *Pfingstfest* (Weizenernte, fünfzig Tage nach dem Fest der Ungesäuerten Brote); vgl. Lev 23,15–22.

Der *Versöhnungstag* (fünf Tage vor dem Laubhüttenfest); vgl. Lev 16,2–34; 23,26–32.

Das *Laubhüttenfest* (Ende der Oliven- und Weinernte, vom 15. bis 22. Tischri); vgl. Lev 23,33–36.39–43.

Das *Tempelweihfest* (Erinnerung an die Weihe des Tempels 164 v. Chr.; Woche vom 25. Kislew); vgl. 1 Makk 4,36–59.

Das *Purimfest* (am 14. und 15. Adar); vgl. Est 9,20–32.

Das *Sabbatjahr* (alle sieben Jahre); vgl. Lev 25,2–7.

Das *Jubeljahr* (alle neunundvierzig Jahre); vgl. Lev 25,8–31.

VII. Die Übersetzer und die Mitarbeiter an der Übersetzung der Psalmen

Johannes Aengenvoort, Wilfried Barner, Richard Beron, Uwe Förster, Klaus Fricke, Herbert Goltzen, Heinrich Groß, Wilhelm Gundert, Odo Haggenmüller, Vinzenz Hamp, Rudolf Henz, Otto Knoch, Otto Nüßler, Franz Planatscher, Christa Reinig, Heinrich Rohr, Josef Scharbert, Fritz Schieri, Egidius Schmalzriedt, Eugen Sitarz, Oskar Söhngen, Fritz Tschirch, Eberhard Weismann, Claus Westermann.

VIII. Liste des für jeden Psalm geeigneten Psalmtons

(vgl. Tabelle)

Psalm	Ton	Psalm	Ton	Psalm	Ton
1	IV, A	21	IV	41	III
2	II	22/2–22	II,(III)	42	II
3	V, II	/23ff	III	43	II
4	VIII	23	VI, A	44	I, IV
5	VIII	24	VIII	45	VIII
6	III, A	25	IV	46	VII
7	I, A	26	VIII	47	VIII, I
8	VII, A	27	IV	48	VII, III
9	VI	28	VIII	49	II
10	III, A	29	VII, A	50	I
		30	VII		
11	VII, I			51	IV (F)
12	IV, (I), V	31	VIII	52	IV
13	VI	32	IV	53	II
14	II	33	V, A	54	VIII
15	VII, (F)	34	VIII (V/F)	55	II
16	VI	35	IV/VII*	56	VII, IV
17	IV	36	IX (IXv.)	57	III/VII
18	VI	37	VI	58	I
19/2–7	VIII	38	II	59	VI
/8–15	II	39	I, IV	60	III, II
20	VIII	40	I/IX/VII**		

---

* 35/4–8 (10) und 17–21: VII, sonst IV
** 40/1–12: I oder IX, 13–18: VII

Psalm	Ton	Psalm	Ton	Psalm	Ton
61	VIII	91	VIII	117	V, VI
62	I, II	92	I	118/1–18	V/VI
63	II	93	VIII, A	/19–29	VI
64	I, A	94	VII, I	119	II/VI
65	VIII	95	V	120	III
66	VI, III	96	II		
67	III, VII	97	VII, VI, A	121	IX, A
68	IV	98	VIII	122	VIII
69	II	99	III, VI	123	VIII, III
70	VII	100	VI, (V)	124	II, VII, A
				125	I, A
71	VI	101	IV, I	126	II, I
72	VI, V	102	VI	127	VII, IX
73	I, IV	103	IV	128	VIII
74	VII, A	104/1–9	I, VI	129	I, A
75	I, VI	/10–23	VI	130	IV/VII, A
76	VI, III	/24–35	VI, (VII)		
77	II, I	105	VIII	131	IX, VI
78	I ***	106	VIII	132	VIII
79	IV	107	VII, III	133	IX, A
80	II	108	III	134	VIII, A
		109	IV	135	IX, A
81	VIII	110	II	136	IV, V
82	V, II			137	II
83	III	111	IX/VI	138	VII, VIII, A
84	V, II	112	I, (IV)	139	IV
85	IV	113	IV, IX	140	VII, A
86	VIII, III	114	IX, IV		
87	IX, II	115	IX, A	141	I, IV
88	I, IV	116/1–9	VII, I	142	I
89	IV	/10–17	I	143	III
90	IV				

*** 78/1–16 und 30–35 auch in VI, sonst I

Psalm	Ton		Psalm	Ton
144	IV		148	II
145	VII/I		149	V
146	IV		150	V, VII, A
147	VI, (V)			

Unterstrichene Ziffer = im EGB »Gotteslob« verwendeter Ton (Gemeinde-Psalmodie)

F = im EGB freier Ton

IXv. = Variante des IX. Tons

A = alle Töne sind möglich.

Im übrigen gilt: Bei Angabe eines plagalen Tons (II, IV, VI, VIII) sind in der Regel auch die jeweils nicht angegebenen anderen plagalen Töne verwendbar. Ebenso sind die Töne I, III, IX untereinander austauschbar.

IX. Tabelle
Die Modelle der Gemeinde-Psalmodie
(»Psalmtöne«) im EGB »Gotteslob«

Inhaltsverzeichnis